2-1 교과서와 친해지는

단 원별 단 계별

받아쓰기

2-1 교과서와 친해지는

단원별 단계별

윤희솔 · 박은주 지음

나인완 그림

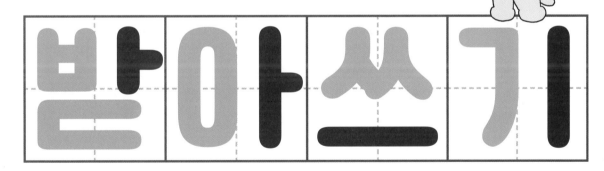

받아쓰기

국어 교과서 연계 150문장 단원별 수록 ✚ 읽기-어휘-쓰기 STEP 1~5 단계별 구성

물주는아이

받아쓰기는 최고의 국어 학습법!

"우리 때도, 우리 부모님 때도 했던 받아쓰기를 아직도 한다고요?"
"받아쓰기 공부를 해도 일기는 엉터리로 쓰니 이걸 어쩜 좋죠?"

 몇십 년 전에도 했던 받아쓰기를 지금 우리 아이들이 연습할 필요가 있냐고 묻는 학부모님을 종종 만납니다. 그러나 영어 받아쓰기가 영어 능력 신장에 도움을 준다는 연구 결과가 수없이 많습니다. 받아쓰기(dictation)와 따라 말하기(shadowing)가 좋은 영어 학습법인 것처럼, 국어 받아쓰기 또한 국어 공부에 매우 효과적입니다. 받아쓰기 점수를 지나치게 강조하는 분위기와 암기 위주의 지도 방법이 잘못됐을 뿐, 받아쓰기는 분명 훌륭한 국어 학습법입니다.

 〈단단 받아쓰기(교과서와 친해지는 단원별 단계별 받아쓰기)〉는 20년 이상 초등학교에서 받아쓰기를 연구하며 적용한 두 교사가 머리를 맞대고 기획했습니다. 아이들이 받아쓰기 급수표를 맥락 없이 외우고, 시험을 보고 나서는 다 잊어버리는 상황이 안타까웠습니다. 효과적인 받아쓰기 공부로 아이들의 국어 실력이 쑥쑥 자라기를 바라는 마음을 이 책에 담뿍 담았습니다.

 〈단단 받아쓰기〉를 300% 활용하는 방법 세 가지를 소개합니다.

 첫째, 이 책을 국어 교과서 짝꿍처럼 활용해 보세요. 부제와 같이 '교과서와 친해지는' 데 이 책이 도움이 되길 바라면서 집필했습니다. 저학년 교과서에는 글이 많지 않아서 교과서를 자세히 읽는 습관을 쉽게 들일 수 있습니다. '이 어휘가 왜 먼저 혹은 나중에 나왔을까?', '이 그림과 글은 무슨 관계가 있을까?' 등 아이와 질문을 주고받으며 교과서를 주의 깊이 살펴보는 습관을 들였으면 좋겠습니다.

 둘째, QR코드를 통해 나오는 음성의 발음을 주의 깊게 듣고, 소리 내어 정확히 따라 읽도록 지도해 주세요. 한글을 다 안다고 자신만만하게 말하는 아이들도 틀리게 읽는 경우가 많습니다. 맑다[막따], 밟다[밥따], 넓다[널따] 등 어른도 잘못 읽는 낱말이 있는 걸 보면, 소리 내어 정확히 읽는 연습은 어려서부터 꾸준히 해야 한다는 걸 알 수 있습니다. 정확한 발음으로 읽을 수 있어야 중고등학교 때 문법에서 헤매지 않습니다. 발음뿐 아니라 띄어 읽기와 억양도 중요

합니다. 바르게 띄어 읽어야 글을 제대로 이해할 수 있고, 억양이 명확해야 의미를 분명히 전달할 수 있습니다. 올바르게 소리 내어 읽기는 문해력의 기초입니다.

셋째, 받아쓰기에서 익힌 낱말과 문장을 실생활에서 사용할 기회를 주세요. 우리나라 사람들이 영단어를 많이 알면서도 활용하지 못하는 이유는 현실과 동떨어진 상황에서 어휘 암기에만 집중하기 때문이지요. 우리 반 아이들이 받아쓰기에 나온 어휘를 바로 사용할 수 있도록 지도한 방법을 각 단계에 반영했습니다.

STEP 1   각 급에서 소개된 받아쓰기 문장을 교과서에서 찾아보고, 교과서에 밑줄을 긋는다.
(그 낱말이나 문장이 어떤 맥락에서 쓰였는지 확인하는 과정이에요. 교과서와 친해지기도 하고요.)
QR코드를 통해 나오는 음성의 발음을 그대로 따라 말한다.
STEP 2   새로 알게 된 낱말의 의미를 알아본다.
STEP 3   소리 내어 읽으며 바르게 글씨를 쓰고 연습한다. (글씨를 쓰는 근육이 옹골차지려면 많이 써 보는 방법밖에 없답니다.) QR코드를 통해 음성을 듣고 받아쓴다.
STEP 4   STEP 1에 나온 낱말을 다양한 방법으로 익힌다.
STEP 5   새로 익힌 낱말을 활용하여 문장을 만들고 쓴다.
일기 쓰기 교실   친구들의 일기를 재미있게 읽고, 직접 일기를 써 본다.

'일기 쓰기 교실'에는 또래 친구들이 삐뚤빼뚤 쓴 짧은 일기가 담겨 있습니다. 아이의 솔직한 마음이 그대로 나타난 글이 얼마나 생생한지 자녀와 함께 읽어 보세요. 아이가 '이 정도면 나도 쓸 수 있겠는데?' 하는 마음이 들도록 격려해 주세요.

한글 학습을 강화한 국어 교과서를 기본으로 집필하였으므로, 초등학교 2학년 학생뿐 아니라 이제 한글을 익히고, 짧게나마 일기 쓸 준비를 하는 예비 초등학생과 초등학교 1학년 학생에게도 도움이 되리라 확신합니다. 〈단단 받아쓰기〉로 단단해진 문해력이 자신감과 재미가 넘치는 학교생활에 도움이 되기를 소망합니다.

마지막으로, 자신의 일기를 〈단단 받아쓰기〉 친구들에게 보여 준 박인호, 박지유, 임윤후, 임윤건에게 고마움과 응원의 뜻을 전합니다.

윤희솔, 박은주

차 례

_____월 _____일을 적는 칸에 공부할 날짜를 정해서 미리 적어 두면 '계획표'가 되고, 그날그날 공부를 마친 후 내가 공부한 날짜를 적으면 '확인표'가 된답니다.

답안은 160쪽에서 확인하세요.

꼬미

토리

디노 선생님

이 책의 구성 및 활용법

"책을 알면 공부법이 보인다!"

〈단단 받아쓰기〉는 단원별 단계별로 구성된 받아쓰기 책이에요.
이 책에는 2학년 1학기 국어 교과서 1~11단원에 실린 낱말과 문장을 선별하여 수록하였어요.
1~5단계의 과정을 거치며 각 급에서 학습한 낱말과 문장을 내 것으로 만들어요.
한 단계 더 나아가, 글쓰기가 어려운 친구들을 위한 '일기 쓰기 교실'도 열었답니다.
귀여운 꼬미와 토리, 친절한 디노 선생님이 조금 더 쉽고 재미있게 공부할 수 있도록 도와줄 거예요.

STEP 1) 바르게 읽어야 바르게 쓸 수 있어요.

가 급에서 학습할 받아쓰기 문장 10개를 소개해요. 제공하는 QR코드를 통해 음성 듣기가 가능하지요.
불러 주는 말을 듣고 또박또박 따라 읽으며 발음을 익혀요. 정확한 발음을 익혀야 바르게 쓸 수 있답니다.

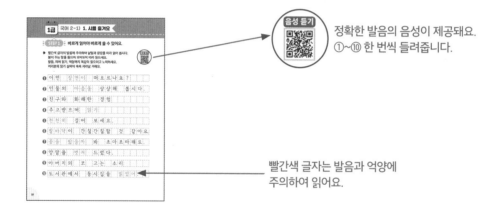

정확한 발음의 음성이 제공돼요.
①~⑩ 한 번씩 들려줍니다.

빨간색 글자는 발음과 억양에
주의하여 읽어요.

STEP 2) 낱말을 정확히 알아야 나중에 또 만나도 기억할 수 있어요.

받아쓰기 문장에 나오는 핵심 낱말을 재미있는 그림을 통해 설명해요.
어느 상황에서 어떻게 낱말이 쓰이는지 알아보면서 어휘력이 풍부해져요.

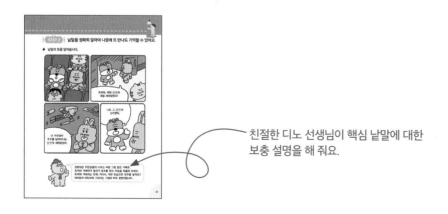

친절한 디노 선생님이 핵심 낱말에 대한
보충 설명을 해 줘요.

STEP 3) 뜻을 생각하며, 낱말과 문장을 익혀 보아요.

글씨를 쓰는 순서와 글자의 모양에 유의하며 써요. ① 낱말과 문장을 따라 쓰고, ② 빈칸을 채우며 따라 써요.
마지막으로, 제공하는 QR코드를 통해 실전 받아쓰기를 해요. 반복 학습으로 받아쓰기에 자신감이 생길 거예요.

위에 써 있는 낱말과 문장을 아래 비어 있는 줄에 따라 써요.

색칠해져 있는 빈칸을 채우며
낱말과 문장을 따라 써요.

천천히, 또박또박, 정확하게
불러 주는 음성이 제공돼요.
①~⑩ 두 번씩 들려줍니다.

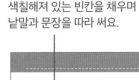

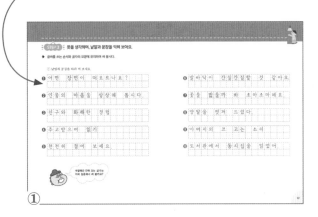

①

②

실전 받아쓰기

STEP 4) 낱말 개인화: 낱말을 내 것으로 만들어요.

색칠하기, 그림 찾기 등 각 급에서 학습한 낱말과
관련된 다양한 활동을 해요.

STEP 5) 문장 개인화: 문장을 내 것으로 만들어요.

각 급에서 학습한 낱말을 사용하여 짧은 글쓰기
활동을 해요.

낱말과 문장을 온전히 소화하여 내 것으로 만들었는지 확인할 수 있어요.
차근차근 기초를 다지면 어느새 국어 실력이 쑥쑥 자랄 거예요.

일기 쓰기 교실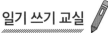

다양한 일기 쓰기
주제와 방법을 제시해요.

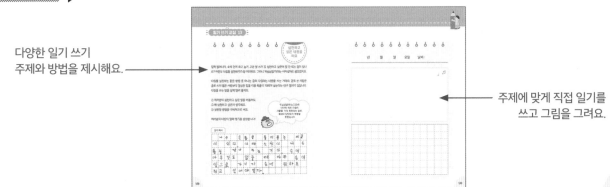

주제에 맞게 직접 일기를
쓰고 그림을 그려요.

STEP 1 — 바르게 읽어야 바르게 쓸 수 있어요.

➜ 빨간색 글자의 발음에 주의하며 낱말과 문장을 따라 읽어 봅시다.
불러 주는 말을 들으며 또박또박 따라 읽으세요.
발음, 띄어 읽기, 억양까지 똑같이 읽으려고 노력하세요.
여러분의 읽기 실력이 쑥쑥 자라날 거예요.

음성 듣기

❶ 어떤 장면이 떠오르나요?

❷ 인물의 마음을 상상해 봅시다.

❸ 친구와 화해한 경험

❹ 주고받으며 읽기

❺ 천천히 걸어 보세요.

❻ 발바닥이 간질간질할 것 같아요.

❼ 꽃을 밟을까 봐 조마조마해요.

❽ 양말을 벗겨 드렸다.

❾ 아버지의 코 고는 소리

❿ 도서관에서 동시집을 읽었어.

STEP 2 : 낱말을 정확히 알아야 나중에 또 만나도 기억할 수 있어요.

➡ 낱말의 뜻을 알아봅시다.

토리야, 어떤 장면이 제일 재미있었어?

난 주인공이 우주를 날아다니는 장면이 재미있었어.

나도 그 장면이 신기했어.

장면이란 주인공들이 나오는 바탕 그림 같은 거예요.
토끼와 거북이가 달리기 경주를 하는 모습을 떠올려 보세요.
토끼와 거북이는 언제, 어디서, 어떤 모습으로 경주를 할까요?
여러분의 머릿속에 그려지는 그림이 바로 장면이랍니다.

STEP 3 뜻을 생각하며, 낱말과 문장을 익혀 보아요.

➜ 글씨를 쓰는 순서와 글자의 모양에 유의하며 써 봅시다.

① 낱말과 문장을 따라 써 보세요.

❶ 어떤 장면이 떠오르나요?

❷ 인물의 마음을 상상해 봅시다.

❸ 친구와 화해한 경험

❹ 주고받으며 읽기

❺ 천천히 걸어 보세요.

색칠해진 칸에 있는 글자는
더욱 집중해서 써 볼까요?

❻ 발 바 닥 이　　간 질 간 질 할　　것　　같 아 요 .

❼ 꽃 을　　밟 을 까　　봐　　조 마 조 마 해 요 .

❽ 양 말 을　　벗 겨　　드 렸 다 .

❾ 아 버 지 의　　코　　고 는　　소 리

❿ 도 서 관 에 서　　동 시 집 을　　읽 었 어 .

② 빈칸을 채우며 따라 써 보세요.

❶ 어떤   이 떠오르나요?

❷ 인물의   을   해 봅시다.

❸ 친구와   한 경험

❹ 주고받으며

❺ 천천히   보세요.

❻ 발바닥이   할 것 같아요.

❼ 꽃을   봐 초마초마해요.

❽ 양말을   드렸다.

❾ 아버지의 코   소리

❿ 도서관에서   을 읽었어.

➜ 실전 받아쓰기! 불러 주는 말을 잘 듣고 빈칸에 받아써 봅시다.

❶

❷

❸

❹

❺

❻

❼

❽

❾

❿

스스로 점검해 봅시다. ✏️

▪ 맞춤법에 맞게 썼나요?⸱⸱⸱⸱⸱⸱⸱⸱⸱⸱⸱⸱⸱⸱ ☐   ▪ 다른 사람이 잘 알아볼 수 있게
                                      또박또박 썼나요?⸱⸱⸱⸱⸱⸱⸱⸱⸱ ☐
▪ 모음과 자음을 바르게 썼나요?⸱⸱⸱⸱⸱⸱⸱ ☐

STEP 4 · 낱말 개인화: 낱말을 내 것으로 만들어요.

➜ 친구에게 섭섭했던 적이 있나요? 나 때문에 친구가 화가 난 적은 없나요?
친구와 화해한 경험을 떠올려 보고, 여우와 두루미가 되어 화해의 말을 해 봅시다.

➜ 받아쓰기 1급에서 연습한 낱말을 사용하여 문장을 만들어 봅시다.

보기

> 장면, 인물, 마음, 상상, 화해, 발바닥, 간질간질, 꽃,
> 읽다, 걷다, 밟다, 벗기다

① 아래 문장을 소리 내어 읽고, 〈보기〉의 어떤 낱말이 쓰였는지 ○ 하세요.

	친	구	와		싸	운		장	면	이		자	꾸
생	각	나	서		힘	들	다	.	친	구	랑		화	해
하	고		싶	은	데	,		내		마	음	을		놀	라
주	면		어	떻	게		하	지	?				

② 〈보기〉의 낱말을 2개 이상 넣어 짧은 글을 써 보세요.

장면을
눈앞에
떠올려요

'뭘 쓰지?'

일기 쓸 때 주제를 정하는 게 제일 고민이죠? 오늘 하루를 되돌아봐요. 쓸거리가 떠오르지
않으면 아침에 일어나서 학교에 가기 전, 학교 가는 길, 학교에서의 점심시간, 학교 끝나고
집에 가는 길 등 하루를 더 짧게 쪼개서 생각하면 일기 주제가 생각날 거예요. 아침에 맛있
게 먹은 반찬, 학교 가는 길에 만난 친구, 쉬는 시간에 친구가 한 말 등 생생하게 떠오르는
장면이 있지요? 그 장면을 떠올렸을 때의 생각과 느낌을 쓰면 일기가 완성된답니다.

오늘 경험한 일 중 생생하게 떠오르는 장면을 써 볼까요? 언제, 어디서, 누가(혹은 누구와),
무엇을, 어떤 일이 있었는지, 왜 그런 일이 생겼는지 생각해서 쓰면 더 좋아요.

다른 친구는
어떤 일기를 썼을까?

일기 예시

	학	원	을		마	치	고		집	에		돌	아	왔
는	데		아	무	도		없	었	다	.		거	실	이
이	상	하	게		컴	컴	해		보	였	다	.	그	때
엄	마	가		아	이	스	크	림	이			든		봉	지
를		들	고		들	어	오	셨	다	.		갑	자	기
온		집	이		밝	아	지	고		달	콤	해	졌	다	.

년   월   일   요일   날씨 :

STEP 1 - 바르게 읽어야 바르게 쓸 수 있어요.

➜ 빨간색 글자의 발음에 주의하며 문장을 따라 읽어 봅시다.
불러 주는 말을 들으며 또박또박 따라 읽으세요.
발음, 띄어 읽기, 억양까지 똑같이 읽으려고 노력하세요.
여러분의 읽기 실력이 쑥쑥 자라날 거예요.

음성 듣기

❶ 자신 있게 말해 봅시다.

❷ 친구들에게 소개해 볼까요?

❸ 눈앞이 캄캄해요.

❹ 내가 발표할 차례예요.

❺ 또박또박 말한다.

❻ 듣는 사람을 바라보며 말한다.

❼ 피아노를 잘 칩니다.

❽ 친하게 지내고 싶습니다.

❾ 큰 소동이 벌어졌어요.

❿ 모두 걱정이 커졌어요.

낱말을 정확히 알아야 나중에 또 만나도 기억할 수 있어요.

➡ 낱말의 뜻을 알아봅시다.

얘들아, 우리 차례대로 줄을 서자.

꼬미야, 내가 물 받을 차례야.

이, 그럼 나는 토리 다음 차례 찜!

'정수기 앞에서 차례대로 줄을 서요.'
'계단을 차례차례 오르내려요.'
이렇게 차례는 순서 있게 규칙대로 세우는 것을 말해요.
'드디어 내 차례가 되었어.'라고 말할 때 차례는 순서에 따라
내가 할 기회가 돌아왔다는 뜻이에요.

뜻을 생각하며, 낱말과 문장을 익혀 보아요.

➔ 글씨를 쓰는 순서와 글자의 모양에 유의하며 써 봅시다.

① 문장을 따라 써 보세요.

❶ | 자 | 신 | | 있 | 게 | | 말 | 해 | | 봅 | 시 | 다 | . | | | | |
|---|---|---|---|---|---|---|---|---|---|---|---|---|---|---|---|---|

❷ | 친 | 구 | 들 | 에 | 게 | | 소 | 개 | 해 | | 볼 | 까 | 요 | ? | | | |
|---|---|---|---|---|---|---|---|---|---|---|---|---|---|---|---|---|

❸ | 눈 | 앞 | 이 | | 캄 | 캄 | 해 | 요 | . | | | | | | | | |
|---|---|---|---|---|---|---|---|---|---|---|---|---|---|---|---|---|

❹ | 내 | 가 | | 발 | 표 | 할 | | 차 | 례 | 예 | 요 | . | | | | | |
|---|---|---|---|---|---|---|---|---|---|---|---|---|---|---|---|---|

❺ | 또 | 박 | 또 | 박 | | 말 | 한 | 다 | . | | | | | | | | |
|---|---|---|---|---|---|---|---|---|---|---|---|---|---|---|---|---|

색칠해진 칸에 있는 글자는
더욱 집중해서 써 볼까요?

❻ 듣는 사람을 바라보며 말한다.

❼ 피아노를 잘 칩니다.

❽ 친하게 지내고 싶습니다.

❾ 큰 소동이 벌어졌어요.

❿ 모두 걱정이 커졌어요.

② 빈칸을 채우며 따라 써 보세요.

❶ [　　　] 있게 말해 봅시다.

❷ 친구들에게 [　　] 해 볼까요?

❸ 눈앞이 [　] 해요.

❹ 내가 [　] 할 [　] 예요.

❺ [　　　] 말한다.

❻ 듣는 사람을 [　　　] 말한다.

❼ 피아노를 잘 [　　].

❽ [　　] 지내고 싶습니다.

❾ 큰 [　] 이 벌어졌어요.

❿ 모두 [　] 이 커졌어요.

스스로 점검해 봅시다. ✏️

▪ 앞 장을 넘겨 빈칸의 낱말을 올바르게 썼는지 확인해 보세요.

➜ 실전 받아쓰기! 불러 주는 말을 잘 듣고 빈칸에 받아써 봅시다.

❶

❷

❸

❹

❺

❻

❼

❽

❾

❿

스스로 점검해 봅시다.

- 맞춤법에 맞게 썼나요? ·················· ☐
- 바른 위치에서 띄어 썼나요? ············· ☐
- 다른 사람이 잘 알아볼 수 있게 또박또박 썼나요? ·························· ☐

STEP 4 ⟩ 낱말 개인화: 낱말을 내 것으로 만들어요.

➜ <보기>와 같이 내 친구를 소개해 봅시다.

보기

이름: 이은솔

성별: 여자

칭찬할 점: 인사를 잘하고 친절하다.

좋아하는 동물: 햄스터

좋아하는 음식: 불고기

좋아하는 색깔: 노란색

이름: _____

싱별: _____

칭찬할 점: _____

좋아하는 동물: _____

좋아하는 음식: _____

좋아하는 색깔: _____

STEP 5 : 문장 개인화: 문장을 내 것으로 만들어요.

➜ 받아쓰기 2급에서 연습한 낱말을 사용하여 문장을 만들어 봅시다.

보기

소개, 발표, 차례, 또박또박, 소동, 걱정,
말하다, 듣다, 친하다, 커지다

① 아래 문장을 소리 내어 읽고, 〈보기〉의 어떤 낱말이 쓰였는지 ◯ 하세요.

	나	를		소	개	할		차	례	가		다	가	오
고		있	었	다	.	뭐	라	고		해	야		할	지
떠	오	르	지		않	아	서		걱	정	이		밀	려
왔	다	.												

② 〈보기〉의 낱말을 2개 이상 넣어 짧은 글을 써 보세요.

나를
찬찬히
살펴요

강아지가 좋은가요? 고양이가 좋은가요?
탕수육을 먹을 때 소스를 부어 먹는 게 좋나요? 찍어 먹는 게 좋은가요?

평소에는 나에 관해 곰곰이 생각할 기회가 많지 않아요. 일기를 쓸 때 나 자신을 찬찬히 살펴보세요. 위의 질문처럼 사소한 일상에서 여러분의 모습을 발견해 보세요. 자기를 소개할 때 "내가 제일 좋아하는 아이스크림은 ○○야."처럼 작고 재미있는 사실을 이야기하면, 친구들이 여러분을 더 잘 기억할 거예요.

유명한 철학자이자 소설가인 '피터 비에리'는 일상의 선택이 우리의 행복을 결정한다고 말했어요. 자기가 무엇을 좋아하는지 잘 아는 사람이 행복해질 수 있다고도 했고요. 여러분을 행복하게 하는 아주 작은 일은 무엇인가요?

일기 예시

	쫄	깃,		꼬	불	한		라	면	을		추	릅	
당	겨		먹	으	면		스	트	레	스	가		날	아
간	다.		얼	큰	한		라	면		맛		때	문	에
다	른		생	각	이		하	나	도		안		난	다.
배	가		불	러	도		자	꾸		먹	고		싶	다.
라	면	은		빨	간		맛		천	사	다.			

28

년   월   일   요일   날씨 :

STEP 1   바르게 읽어야 바르게 쓸 수 있어요.

➜ 빨간색 글자의 발음에 주의하며 낱말과 문장을 따라 읽어 봅시다.
불러 주는 말을 들으며 또박또박 따라 읽으세요.
발음, 띄어 읽기, 억양까지 똑같이 읽으려고 노력하세요.
여러분의 읽기 실력이 쑥쑥 자라날 거예요.

음성 듣기

❶ 기분이 참 좋아요.

❷ 언제 실망했나요?

❸ 샘을 낸 적이 있나요?

❹ 활짝 웃는 표정

❺ 한 명씩 쪽지를 고른다.

❻ 일을 했을 때 뿌듯해요.

❼ 아마 행복할 거야.

❽ 질투가 날지도 몰라.

❾ 자랑스러운 기분일 거야.

❿ 길을 잃어버렸을 때 두려웠어.

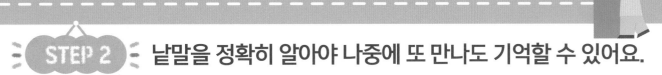

STEP 2 낱말을 정확히 알아야 나중에 또 만나도 기억할 수 있어요.

➜ 낱말의 뜻을 알아봅시다.

토리야, 《나쁜 어린이표》라는 책을 읽어 봤어?

응. 얼마 전에 우리 같이 도서관 가서 읽었잖아.

나 어제 영어 학원 숙제 못 해 가서 이거 받았어. 이 스티커 **표정**을 보니까 기분이 안 좋아.

오늘 숙제 검사받고 칭찬 스티커 받으면 되지. 너무 **실망**하지 마. 너의 웃는 **표정**을 보고 싶어.

표정은 내 마음이 얼굴에 드러나는 거예요.
학교에서 상을 받으면 기쁜 마음이 얼굴에 드러나지요.
친구랑 다투어서 화가 나면 화난 마음이 얼굴에 나타나요.

뜻을 생각하며, 낱말과 문장을 익혀 보아요.

➔ 글씨를 쓰는 순서와 글자의 모양에 유의하며 써 봅시다.

① 낱말과 문장을 따라 써 보세요.

❶ 기분이 참 좋아요.

❷ 언제 실망했나요?

❸ 샘을 낸 적이 있나요?

❹ 활짝 웃는 표정

❺ 한 명씩 쪽지를 고른다.

색칠해진 칸에 있는 글자는
더욱 집중해서 써 볼까요?

❻ 일을 했을 때 뿌듯해요.

❼ 아마 행복할 거야.

❽ 질투가 날지도 몰라.

❾ 자랑스러운 기분일 거야.

❿ 길을 잃어버렸을 때 두려웠어.

② 빈칸을 채우며 따라 써 보세요.

❶ 　　 이 참 좋아요.

❷ 언제 　　 했나요?

❸ 　 을 낸 적이 있나요?

❹ 활짝 웃는 　

❺ 한 명씩 　 를 고른다.

❻ 일을 했을 때 　 해요.

❼ 아마 　 할 거야.

❽ 　 가 날지도 몰라.

❾ 　 스러운 　 일 거야.

❿ 길을 　 버렸을 때 두려웠어.

스스로 점검해 봅시다.

■ 앞 장을 넘겨 빈칸의 낱말을 올바르게 썼는지 확인해 보세요.

➜ 실전 받아쓰기! 불러 주는 말을 잘 듣고 빈칸에 받아써 봅시다.

❶

❷

❸

❹

❺

❻

❼

❽

❾

❿

스스로 점검해 봅시다. ✏

- 맞춤법에 맞게 썼나요? ·················· ☐
- 바른 위치에서 띄어 썼나요? ··············· ☐
- 다른 사람이 잘 알아볼 수 있게 또박또박 썼나요? ····················· ☐

STEP 4 | 낱말 개인화: 낱말을 내 것으로 만들어요.

➜ 기분을 말하는 방법을 알아보고, <보기>에서 기분을 나타내는 알맞은 말을 찾아 써 봅시다.

보기

기뻐요, 속상해요, 화나요, 미안해요, 부러워요

① 멋진 자전거가 생겨서 (까닭)

_____. (기분을 나타내는 말)

② 친구가 멋진 자전거를

타고 있어서 _____.

STEP 5 **문장 개인화: 문장을 내 것으로 만들어요.**

➡ 받아쓰기 3급에서 연습한 낱말을 사용하여 문장을 만들어 봅시다.

보기

기분, 실망, 쪽지, 질투,
샘나다, 뿌듯하다, 행복하다, 자랑스럽다

① 아래 문장을 소리 내어 읽고, 〈보기〉의 어떤 낱말이 쓰였는지 ○ 하세요.

	그	림		대	회	에	서		상	을		못		받
아	서		실	망	했	다	.		그	런	데		언	니	는
상	을		받	았	다	.		그	림	을		잘		그	리
는		언	니	가		자	랑	스	럽	다	.				

② 〈보기〉의 낱말을 2개 이상 넣어 짧은 글을 써 보세요.

기분을 나타내는 낱말을 써요

기분에는 이름이 있어요.

기분이 좋을 때 내 마음을 가만히 들여다보면 신나, 반가워, 기뻐, 재미있어, 편안해 등 다양한 모습이 있어요. 나쁜 감정에도 괴롭다, 질투 나다, 짜증 나다, 허무하다, 화나다 등 다양한 얼굴이 있고요.

일기를 쓸 때 여러분의 마음을 잘 살펴보세요. 기분을 뭉뚱그려서 좋다, 싫다고 표현하지 말고 정확한 낱말을 사용해서 써 보세요. 마음을 나타내는 낱말이 나온 책을 읽는 것도 도움이 돼요. 쓸거리가 잘 생각나지 않으면, '나는 _____할 때 ○○하다'라는 내용으로 일기를 써 보세요. 자기의 마음을 잘 아는 어린이가 현명하고 행복하게 자라난답니다.

다른 친구는 어떤 일기를 썼을까?

일기 예시

할	아	버	지	랑		같	이		자	전	거	를
탈		때		얼	굴	에		부	는		바	람	이
좋	다	.		자	전	거	를		쌩	쌩		달	리	면
할	아	버	지	는		젊	어	진	다	.		할	아	버	지
를		내		친	구	처	럼		만	들	어		주	는
자	전	거		타	기	가		참		즐	겁	다	.

년   월   일   요일   날씨 :

STEP 1 바르게 읽어야 바르게 쓸 수 있어요.

➡ 빨간색 글자의 발음에 주의하며 낱말과 문장을 따라 읽어 봅시다.
불러 주는 말을 들으며 또박또박 따라 읽으세요.
발음, 띄어 읽기, 억양까지 똑같이 읽으려고 노력하세요.
여러분의 읽기 실력이 쑥쑥 자라날 거예요.

음성 듣기

❶ 친구들과 공기놀이를 하였어요.

❷ 깜박한 게 떠올랐어요.

❸ 이름을 지어 주고 싶어요.

❹ 서운한 마음이 들었어요.

❺ 비밀을 털어놓을 수 있는 친구

❻ 나는 혼자라서 외로워.

❼ 무엇으로 결정되었나요?

❽ 긴장되고 떨린 적이 있었어.

❾ 역할을 맡을 친구를 정해요.

❿ 짝에게 편지를 쓸 거야.

➜ 낱말의 뜻을 알아봅시다.

우리 연극 연습하자.
나는 거북이, 너는
토끼 **역할**이야.

아유, 힘들어.
그래도 포기하지
않고 경주해야지.

느림보 거북아,
엉금엉금 기어서
언제 올 거니?

역할놀이 재미있다.
하하하하!

우리 반 역할 분담을 이야기해 볼까요?
지유는 칠판 정리를 맡았어요. 인호는 책 정리를 맡았고요.
윤수는 쓰레기 분리배출을 맡았지요.
우리 반은 모두 역할 분담이 잘되어 있어요.
역할은 내가 맡아서 하는 일이에요.
자신의 역할을 책임감 있게 잘 해내야겠지요?

STEP 3 뜻을 생각하며, 낱말과 문장을 익혀 보아요.

➜ 글씨를 쓰는 순서와 글자의 모양에 유의하며 써 봅시다.

① 낱말과 문장을 따라 써 보세요.

❶ 친구들과 공기놀이를 하였어요.

❷ 깜박한 게 떠올랐어요.

❸ 이름을 지어 주고 싶었어요.

❹ 서운한 마음이 들었어요.

❺ 비밀을 털어놓을 수 있는 친구

색칠해진 칸에 있는 글자는
더욱 집중해서 써 볼까요?

❻ 나는 혼자라서 외로워.

❼ 무엇으로 결정되었나요?

❽ 긴장되고 떨린 적이 있었어.

❾ 역할을 맡을 친구를 정해요.

❿ 짝에게 편지를 쓸 거야.

② 빈칸을 채우며 따라 써 보세요.

❶ 친구들과 　　　　　　를 하였어요.

❷ 　　한 게 떠올랐어요.

❸ 　울 지어 주고 싶어요.

❹ 　한 마음이 들었어요.

❺ 비밀을 　　　　　수 있는 친구

❻ 나는 　　라서 외로워.

❼ 무엇으로 　　되었나요?

❽ 　　되고 떨린 적이 있었어.

❾ 　　을 맡을 친구를 정해요.

❿ 짝에게 　　를 쓸 거야.

➡ 실전 받아쓰기! 불러 주는 말을 잘 듣고 빈칸에 받아써 봅시다.

음성 듣기

❶

❷

❸

❹

❺

❻

❼

❽

❾

❿

스스로 점검해 봅시다. ✏

- 맞춤법에 맞게 썼나요? ··················· ☐
- 바른 위치에서 띄어 썼나요? ············· ☐

- 다른 사람이 잘 알아볼 수 있게
  또박또박 썼나요? ···················· ☐

낱말 개인화: 낱말을 내 것으로 만들어요.

➜ 스트레칭은 몸과 팔다리를 쭉 펴는 거예요. 뻣뻣해진 근육을 부드럽게 풀어 주지요.
   스트레칭 동작을 따라 하며 몸의 긴장을 풀어 봅시다.

①

머리 뒤에 깍지를 끼고
목을 아래로 늘려 줘요.

②

양손 깍지 끼고 기지개를 켜서
옆구리를 늘려 줘요.

③

머리 뒤에 깍지를 끼고
등을 구부렸다가
가슴을 천장 쪽으로 열어 줘요.

④

양팔을 앞으로 나란히 한 후,
주먹 쥐고 당겨 줘요.

⑤

양손을 어깨 위로 올리고,
크게 돌려 줘요.

⑥

앉은 채로 제자리에서
걷기를 해요.

STEP 5 　문장 개인화: 문장을 내 것으로 만들어요.

➜ 받아쓰기 4급에서 연습한 낱말을 사용하여 문장을 만들어 봅시다.

보기

친구, 공기놀이, 비밀, 혼자, 결정, 역할, 편지,
깜빡하다, 서운하다, 외롭다, 긴장하다, 떨리다

① 아래 문장을 소리 내어 읽고, 〈보기〉의 어떤 낱말이 쓰였는지 ○ 하세요.

	친	구	와		공	놀	이	를		하	려	고		운
동	장	에		갔	는	데	,		친	구	가		안		보
였	다	.		친	구	에	게		전	화	하	니		깜	빡
했	다	고		말	했	다	.								

② 〈보기〉의 낱말을 2개 이상 넣어 짧은 글을 써 보세요.

친구를
자세히
살펴요

친구의 버릇은 무엇인가요?
친구가 좋아하는 반찬은 뭘까요?
친구는 심심하면 어떤 행동을 할까요?

친구랑 노는 건 정말 재미나요. 그런데 친구를 관찰하는 것도 참 재미있답니다. 친구가 하루에 화장실을 몇 번이나 가는지, 친구의 식판에서 제일 먼저 없어지는 반찬은 뭔지, 심심하면 어떤 행동을 하는지를 한번 살펴보세요. 그럼 친구에 관해 더 많은 사실을 알게 될 거예요.

평소 친하지 않았던 친구도 관찰해 보세요. 몰랐던 점을 새롭게 알게 되면서 여러분의 소중한 단짝 친구를 찾게 될지도 몰라요.

일기 예시

	건	이	는		초	콜	릿	을		사	랑	한	다.	
좋	아	한	다	는		말	로	는		건	이	의		초
코		사	랑	을		나	타	내	기		어	렵	다.	
과	자	도		초	콜	릿	이		들	어	간		것	만
고	르	고		카	페	에	선		무	조	건		아	이
스	초	코	와		초	코	케	이	크	를		시	킨	다.

년   월   일   요일   날씨 :

STEP 1 바르게 읽어야 바르게 쓸 수 있어요.

➔ 빨간색 글자의 발음에 주의하며 낱말과 문장을 따라 읽어 봅시다.
불러 주는 말을 들으며 또박또박 따라 읽으세요.
발음, 띄어 읽기, 억양까지 똑같이 읽으려고 노력하세요.
여러분의 읽기 실력이 쑥쑥 자라날 거예요.

음성 듣기

① 곰 인형은 포근해.

② 내 친구는 소중해.

③ 가게의 이름을 말한다.

④ 동물원에 어떤 동물이 있나요?

⑤ 놀이터에 있는 놀이 기구들

⑥ 문구점에 가면 연필이 있어.

⑦ 음식의 이름을 조사해 보자.

⑧ 찐만두는 쪄서 익힌 만두야.

⑨ 하늘에 사는 불가사리

⑩ 채소와 생선을 사 왔어.

STEP 2 낱말을 정확히 알아야 나중에 또 만나도 기억할 수 있어요.

➡ 낱말의 뜻을 알아봅시다.

토리야, 넌 우리 학교 놀이 기구 중에 뭐가 제일 재미있어?

난 시소 타는 게 제일 재미있어. 우리 같이 시소 타러 가자.

난 정글짐에서 노는 게 좋은데, 시소는 혼자 탈 수 없는 기구니까 같이 가자.

학교에 있는 놀이 기구의 이름을 말해 볼까요?
철봉, 늑목, 정글짐, 구름사다리 등이 있어요.
기구는 간단하게 다룰 수 있는 물건, 도구, 기계 등을 말해요.

뜻을 생각하며, 낱말과 문장을 익혀 보아요.

➜ 글씨를 쓰는 순서와 글자의 모양에 유의하며 써 봅시다.

① 낱말과 문장을 따라 써 보세요.

❶ 곰　인형은　포근해.

❷ 내　친구는　소중해.

❸ 가게의　이름을　말한다.

❹ 동물원에　어떤　동물이　있나요?

❺ 놀이터에　있는　놀이　기구들

색칠해진 칸에 있는 글자는
더욱 집중해서 써 볼까요?

❻ 문구점에 가면 연필이 있어.

❼ 음식의 이름을 조사해 보자.

❽ 찐만두는 쪄서 익힌 만두야.

❾ 하늘에 사는 불가사리

❿ 채소와 생선을 사 왔어.

② 빈칸을 채우며 따라 써 보세요.

❶ 곰 　인 형 은 　　 　 해 .

❷ 내 　친 구 는 　　 　 해 .

❸ 　 　 의 　이 름 을 　말 한 다 .

❹ 　 　 에 　어 떤 　동 물 이 　있 나 요 ?

❺ 놀 이 터 에 　있 는 　놀 이 　　 　 들

❻ 　 　 에 　가 면 　연 필 이 　있 어 .

❼ 음 식 의 　이 름 을 　　 　 해 　보 자 .

❽ 찐 만 두 는 　　 　 익 힌 　만 두 야 .

❾ 하 늘 에 　사 는 　　 　 　

❿ 채 소 와 　　 　 을 　사 　왔 어 .

스스로 점검해 봅시다. 🖊

■ 앞 장을 넘겨 빈칸의 낱말을 올바르게 썼는지 확인해 보세요.

→ 실전 받아쓰기! 불러 주는 말을 잘 듣고 빈칸에 받아써 봅시다.

❶

❷

❸

❹

❺

❻

❼

❽

❾

❿

스스로 점검해 봅시다.

- 맞춤법에 맞게 썼나요? ············· ☐
- 바른 위치에서 띄어 썼나요? ··········· ☐
- 다른 사람이 잘 알아볼 수 있게
  또박또박 썼나요? ··························· ☐

STEP 4 낱말 개인화: 낱말을 내 것으로 만들어요.

➜ 시장에 가 본 경험을 떠올려 봐요. 시장에서 어떤 물건을 파는지 생각하며
채소와 생선을 색칠하고, 간판에 알맞은 이름도 써넣어 봅시다.

STEP 5 : 문장 개인화: 문장을 내 것으로 만들어요.

➜ 받아쓰기 5급에서 연습한 낱말을 사용하여 문장을 만들어 봅시다.

보기

동물원, 놀이터, 문구점, 채소, 생선,
포근하다, 소중하다, 조사하다, 익히다

① 아래 문장을 소리 내어 읽고, 〈보기〉의 어떤 낱말이 쓰였는지 ○ 하세요.

나	는		동	물	원	이		좋	다	.		다	양	한
동	물	을		볼		수		있	고	,		넓	은		놀
이	터	에	서		놀		수	도		있	다	.		음	식
점	도		많	아	서		참		좋	다	.			

② 〈보기〉의 낱말을 2개 이상 넣어 짧은 글을 써 보세요.

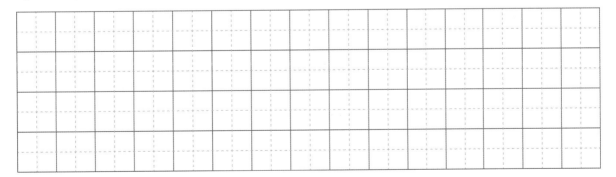

동네
한 바퀴를
돌아보아요

동네에 여러분이 좋아하거나 지금 당장 가고 싶은 장소가 있나요?

문구점에 가면 아기자기한 학용품도 많고, 신기한 장난감도 많아요. 서점에 가면 갑자기 책을 읽고 싶어져요. 놀이터를 지날 때면 '혹시 나랑 친한 친구가 놀고 있지는 않을까?' 하고 목을 길게 빼서 쳐다보게 되고요. 아이스크림 가게 앞을 그냥 지나면 서운해요. 공원에 가면 괜히 막 뛰고 싶어지죠.

이렇게 동네를 돌아보며 이런저런 장소와 이웃을 애정 어린 눈으로 살펴보면 일기 쓸거리가 마구 샘솟을 거예요.

다른 친구는
어떤 일기를 썼을까?

일기 예시

		엄	마	는		주	말	에		할		일	이		많
으	면		노	트	북	을		갖	고		카	페	에		
가	신	다	.	나	도		숙	제	를		챙	겨	서		
따	라	간	다	.	아	파	트		산	책		길		끝	
에		있	는		카	페	에	서		엄	마	랑		딸	
기	세	이	크	를		마	시	는		게		좋	다	.	

년   월   일   요일   날씨:

STEP 1 바르게 읽어야 바르게 쓸 수 있어요.

➜ 빨간색 글자의 발음에 주의하며 낱말과 문장을 따라 읽어 봅시다.
불러 주는 말을 들으며 또박또박 따라 읽으세요.
발음, 띄어 읽기, 억양까지 똑같이 읽으려고 노력하세요.
여러분의 읽기 실력이 쑥쑥 자라날 거예요.

음성 듣기

❶ 국은 식혀서 먹어야 합니다.

❷ 누나가 시켜서 방을 정리합니다.

❸ 구멍 난 장갑을 깁다.

❹ 생각보다 물이 깊지 않다.

❺ 의자에 반듯이 앉아 있었다.

❻ 약속은 반드시 지켜야 해.

❼ 그늘에 가서 잠깐 쉴까?

❽ 책 읽기를 다 마칠 때까지

❾ 실감 나게 글을 읽었다.

❿ 비가 와서 우산을 받칩니다.

STEP 2 · 낱말을 정확히 알아야 나중에 또 만나도 기억할 수 있어요.

➜ 낱말의 뜻을 알아봅시다.

꼬미랑 4시에 만나기로 **약속**했는데, 왜 아직 안 오지? 전화도 안 받고…….

헉헉, 토리야, 많이 기다렸지?

약속 시간이 한참 지났는데 안 와서 걱정했어.

미안해. 오늘 수영장 가기로 **약속**한 걸 깜빡하고 게임을 했어.

괜찮아. 지금부터 재미있게 놀자.

그래!

약속은 다른 사람과 어떤 일을 정해 두고 어기지 않기로 하는 다짐이에요. 약속하기 전에는, 잠깐 멈춰서 내가 지킬 수 있는지 잘 생각해야 해요.
약속을 잘 지키는 믿음직스러운 친구가 되기로 약속!

뜻을 생각하며, 낱말과 문장을 익혀 보아요.

➜ 글씨를 쓰는 순서와 글자의 모양에 유의하며 써 봅시다.

① 낱말과 문장을 따라 써 보세요.

❶ 국은 식혀서 먹어야 합니다.

❷ 누나가 시켜서 방을 정리합니다.

❸ 구멍 난 장갑을 깁다.

❹ 생각보다 물이 깊지 않다.

❺ 의자에 반듯이 앉아 있었다.

색칠해진 칸에 있는 글자는
더욱 집중해서 써 볼까요?

❻ 약속은 반드시 지켜야 해.

❼ 그늘에 가서 잠깐 쉴까?

❽ 책 읽기를 다 마칠 때까지

❾ 실감 나게 글을 읽었다.

❿ 비가 와서 우산을 받칩니다.

② 빈칸을 채우며 따라 써 보세요.

❶ 국은 먹어야 합니다.

❷ 누나가 방울 정리합니다.

❸ 구멍 난 장갑을

❹ 생각보다 물이 않다.

❺ 의자에 앉아 있었다.

❻ 약속은 지켜야 해.

❼ 에 가서 잠깐 쉴까?

❽ 책 를 다 마칠 때까지

❾ 나게 글을 읽었다.

❿ 비가 와서 우산을

스스로 점검해 봅시다.

■ 앞 장을 넘겨 빈칸의 낱말을 올바르게 썼는지 확인해 보세요.

→ 실전 받아쓰기! 불러 주는 말을 잘 듣고 빈칸에 받아써 봅시다.

음성 듣기

❶

❷

❸

❹

❺

❻

❼

❽

❾

❿

스스로 점검해 봅시다.

- 맞춤법에 맞게 썼나요? ·················· ☐
- 바른 위치에서 띄어 썼나요? ············· ☐
- 다른 사람이 잘 알아볼 수 있게
  또박또박 썼나요? ·················· ☐

STEP 4 낱말 개인화: 낱말을 내 것으로 만들어요.

➜ 그림을 보고, <보기>에서 알맞은 말을 찾아 써 봅시다.

보기

식혀서, 시켜서, 받칩니다, 바칩니다, 반듯이, 반드시

_____

_____

_____

_____

_____

_____

STEP 5 : 문장 개인화: 문장을 내 것으로 만들어요.

→ 받아쓰기 6급에서 연습한 낱말을 사용하여 문장을 만들어 봅시다.

보기

정리, 구멍, 장갑, 의자, 반듯이, 약속, 반드시,
식히다, 시키다, 깁다, 깊다, 마치다, 읽다

① 아래 문장을 소리 내어 읽고, 〈보기〉의 어떤 낱말이 쓰였는지 ◯ 하세요.

	책	을		읽	고		있	는	데		엄	마	가
핫	초	코	를		가	져	다	주	셨	다	.	핫	초	코
가		뜨	거	워	서		후	후		불	어	서		식
혀		마	셨	다	.									

② 〈보기〉의 낱말을 2개 이상 넣어 짧은 글을 써 보세요.

일기 쓰기 교실 6

헷갈리는
낱말을
사용해요

알맞은 낱말에 ◯ 해 보세요.

① (오랫만에 / 오랜만에) 할머니 댁에 가서 설렜다.

② 감기가 다 (낳았다 / 나았다).

③ 사람마다 좋아하는 것이 (틀리다 / 다르다).

④ 다음에 (봬요 / 뵈요).

⑤ (이따가 / 있다가) 만나!

정답 : ① 오랜만에 ② 나았다 ③ 다르다 ④ 봬요 ⑤ 이따가

많이 맞혔나요? 어른도 자주 틀리는 낱말이에요. 우리말을 정확하게 사용하려면 많이 읽고, 많이 써야 해요. 헷갈리는 낱말을 만나면, 선생님이나 부모님께 여쭤봐요. 국어사전을 찾아 보는 게 가장 좋고요. 새롭게 배운 낱말을 사용해서 일기를 써 보세요. 어휘도 늘리고, 일기 주제도 해결되니 일거양득이랍니다.

일거양득(一擧兩得)은
한 가지 일을 해서 두 가지 이익을
얻는 것을 말해요.

일기 예시

할	아	버	지		댁	에		도	착	하	니		새
쌍	이		난		마	당	에		누	렁	이	가	낳
은		강	아	지	들	이		뛰	어	다	니	고	았
었	다	.		누	렁	이	는		기	운	이		없 어
보	였	다	.		누	렁	이	가		얼	른		나 았 으
면		좋	겠	다	.								

년   월   일   요일   날씨 :

STEP 1 바르게 읽어야 바르게 쓸 수 있어요.

➜ 빨간색 글자의 발음에 주의하며 낱말과 문장을 따라 읽어 봅시다.
불러 주는 말을 들으며 또박또박 따라 읽으세요.
발음, 띄어 읽기, 억양까지 똑같이 읽으려고 노력하세요.
여러분의 읽기 실력이 쑥쑥 자라날 거예요.

음성 듣기

❶ 이상하게 생각한 까닭

❷ 밖으로 급하게 뛰기 시작했어.

❸ 궁전에 갈 준비를 했어.

❹ 호랑이가 소금 장수를 삼켰어.

❺ 임금님께 상을 받았습니다.

❻ 양 떼를 어디로 데려갔나요?

❼ 근처에서 동굴을 본 적이 있어.

❽ 눈보라를 피할 수 있을 거야.

❾ 하루 동안 겪은 일을 써 봐요.

❿ 시간을 나타내는 말을 사용해요.

낱말을 정확히 알아야 나중에 또 만나도 기억할 수 있어요.

➜ 낱말의 뜻을 알아봅시다.

청소기가 새것으로 바뀌었어.
이건 어떻게 켜는 거지?

청소기

상자 안에
사용 설명서가
들어 있어.

아, 전원 스위치가
아래쪽에 있대.

위이이잉

와, 잘된다!

물건을 사면 사용 설명서가 들어 있어요. 사용한다는 것은
일정한 목적이나 기능에 맞게 쓰는 것이지요. 사용 설명서를
자세히 읽고 알맞게 사용하면 물건을 오래 쓸 수 있답니다.

뜻을 생각하며, 낱말과 문장을 익혀 보아요.

➜ 글씨를 쓰는 순서와 글자의 모양에 유의하며 써 봅시다.

① 낱말과 문장을 따라 써 보세요.

❶ 이상하게 생각한 까닭

❷ 밖으로 급하게 뛰기 시작했어.

❸ 궁전에 갈 준비를 했어.

❹ 호랑이가 소금 장수를 삼켰어.

❺ 임금님께 상을 받았습니다.

색칠해진 칸에 있는 글자는
더욱 집중해서 써 볼까요?

❻ 양 떼를 어디로 데려갔나요?

❼ 근처에서 동굴을 본 적이 있어.

❽ 눈보라를 피할 수 있을 거야.

❾ 하루 동안 겪은 일을 써 봐요.

❿ 시간을 나타내는 말을 사용해요.

② 빈칸을 채우며 따라 써 보세요.

❶ 이상하게 생각한

❷ 밖으로 　 뛰기 시작했어.

❸ 궁전에 갈 　 를 했어.

❹ 호랑이가 소금 장수를 　 .

❺ 　 께 상을 받았습니다.

❻ 　 를 어디로 데려갔나요?

❼ 　 에서 　 을 본 적이 있어.

❽ 　 를 피할 수 있을 거야.

❾ 하루 동안 　 일을 써 봐요.

❿ 　 을 나타내는 말을 　 해요.

스스로 점검해 봅시다. ✏️

▪ 앞 장을 넘겨 빈칸의 낱말을 올바르게 썼는지 확인해 보세요.

➜ 실전 받아쓰기! 불러 주는 말을 잘 듣고 빈칸에 받아써 봅시다.

❶

❷

❸

❹

❺

❻

❼

❽

❾

❿

스스로 점검해 봅시다. ✏

- 맞춤법에 맞게 썼나요? ·················· ☐
- 바른 위치에서 띄어 썼나요? ·············· ☐

- 다른 사람이 잘 알아볼 수 있게
  또박또박 썼나요? ························· ☐

낱말 개인화: 낱말을 내 것으로 만들어요.

➜ 아래 화면에서 시간을 나타내는 말을 찾아 ○ 해 봅시다.

오늘, 저녁, 월요일,
여름 같은 말을
시간을 가리키는
말이라고 해.

STEP 5 〉 문장 개인화: 문장을 내 것으로 만들어요.

➡ 받아쓰기 7급에서 연습한 낱말을 사용하여 문장을 만들어 봅시다.

보기

까닭, 궁전, 호랑이, 근처, 눈보라,
급하다, 준비하다, 피하다, 겪다

① 아래 문장을 소리 내어 읽고, 〈보기〉의 어떤 낱말이 쓰였는지 ◯ 하세요.

	눈	보	라	가		심	한		어	느		날	,	소
금		장	수	가		급	하	게		궁	전		문	을
두	드	렸	어	요	.	소	금		장	수	가		궁	전
에		온		까	닭	은		무	엇	일	까	요	?	

② 〈보기〉의 낱말을 2개 이상 넣어 짧은 글을 써 보세요.

일이 일어난
순서대로
써요

유명한 작가들은 입을 모아 '좋은 글은 이해하기 쉬운 글'이라고 말해요.
아랫글은 이해하기 쉬운 글일까요?

> 다행히 학교에 늦지 않게 도착했다. 아침밥이 먹기 싫어서 늦장을 부리다가 엄마
> 한테 또 혼났다. 아침에 눈을 뜨자마자 늦게 일어났다며 아빠가 혼냈다. 눈물이
> 났지만, 꾹 참고 학교로 달려갔다.

일이 일어난 순서가 뒤죽박죽이라서 무슨 말인지 알기 어렵지요? 이해하기 쉽게 쓰려면,
먼저 일어난 일부터 순서대로 써야 해요. 오늘 겪은 일 중 인상 깊은 경험을 골라 일이 일어
난 순서대로 써 보세요.

다른 친구는
어떤 일기를 썼을까?

일기 예시

		낚	시	할		땐		미	끼	를		바	늘	에	
잘		끼	워		휙		던	진	다	.		낚	싯	줄	이
흔	들	릴		때		얼	른		낚	싯	줄	을			감
으	면		물	고	기	가		딸	려		온	다	.		물
고	기	를		바	늘	에	서		빼	서		통	에		
넣	으	면		부	자	가		된		기	분	이	다	.	

년   월   일   요일   날씨 :

STEP 1 바르게 읽어야 바르게 쓸 수 있어요.

➡ 빨간색 글자의 발음에 주의하며 문장을 따라 읽어 봅시다.
불러 주는 말을 들으며 또박또박 따라 읽으세요.
발음, 띄어 읽기, 억양까지 똑같이 읽으려고 노력하세요.
여러분의 읽기 실력이 쑥쑥 자라날 거예요.

음성 듣기

❶ 물건을 설명해 봅시다.

❷ 토요일에 박물관에 갔거든.

❸ 무엇을 처음 봤어?

❹ 나에게 정말 소중한 거야.

❺ 어! 내 실내화가 없어.

❻ 분명히 여기에 뒀는데.

❼ 등곳길에 모자를 잃어버렸어.

❽ 혹시 보면 찾아 줘.

❾ 옛날 집 안의 모습입니다.

❿ 사용 방법이 요즘과 달랐습니다.

낱말을 정확히 알아야 나중에 또 만나도 기억할 수 있어요.

➜ 낱말의 뜻을 알아봅시다.

선생님은 우리 반 친구들에게 항상 친절하게 설명해 주시지요?
여러분도 친구들에게 종이접기 방법을 자세히 설명해 줄 수
있어요. 설명은 어떤 것을 상대방이 잘 이해하도록 알려 주는
것을 뜻해요.

뜻을 생각하며, 낱말과 문장을 익혀 보아요.

➜ 글씨를 쓰는 순서와 글자의 모양에 유의하며 써 봅시다.

① 문장을 따라 써 보세요.

❶ 물건을 설명해 봅시다.

❷ 토요일에 박물관에 갔거든.

❸ 무엇을 처음 봤어?

❹ 나에게 정말 소중한 거야.

❺ 어! 내 실내화가 없어.

색칠해진 칸에 있는 글자는
더욱 집중해서 써 볼까요?

❻ 분명히 여기에 뒀는데.

❼ 등굣길에 모자를 잃어버렸어.

❽ 혹시 보면 찾아 줘.

❾ 옛날 집 안의 모습입니다.

❿ 사용 방법이 요즘과 달랐습니다.

② 빈칸을 채우며 따라 써 보세요.

❶ ⬜ ⬜ 울 ⬜ ⬜ 해 뽑 시 다 .

❷ 토 요 일 에 ⬜ ⬜ 에 갔 거 든 .

❸ 무 엇 을 ⬜ ⬜ 봤 어 ?

❹ 나 에 게 정 말 ⬜ ⬜ 한 거 야 .

❺ 어 ! 내 ⬜ ⬜ 가 없 어 .

❻ ⬜ ⬜ 여 기 에 뒀 는 데 .

❼ ⬜ ⬜ 에 모 자 를 잃 어 버 렸 어 .

❽ 혹 시 보 면 ⬜ 줘 .

❾ ⬜ 집 안 의 ⬜ 입 니 다 .

❿ 사 용 ⬜ 이 ⬜ 과 달 랐 습 니 다 .

스스로 점검해 봅시다. ✏️

▪ 앞 장을 넘겨 빈칸의 낱말을 올바르게 썼는지 확인해 보세요.

➜ 실전 받아쓰기! 불러 주는 말을 잘 듣고 빈칸에 받아써 봅시다.

1

2

3

4

5

6

7

8

9

10

스스로 점검해 봅시다. ✏

▪ 맞춤법에 맞게 썼나요? ···················· ☐   ▪ 다른 사람이 잘 알아볼 수 있게

▪ 바른 위치에서 띄어 썼나요? ··············· ☐   또박또박 썼나요? ···························· ☐

➜ 다음 중 토리의 실내화를 찾아 ○ 해 봅시다.

누구 내 실내화 못 봤니?
내 실내화는 흰색이야.
신발 가운데에
주황색 리본이 달려 있어.

STEP 5 · 문장 개인화: 문장을 내 것으로 만들어요.

➡ 받아쓰기 8급에서 연습한 낱말을 사용하여 문장을 만들어 봅시다.

보기

설명, 박물관, 실내화, 등굣길, 모습, 요즘,
소중하다, 없다, 잃어버리다, 찾다

① 아래 문장을 소리 내어 읽고, 〈보기〉의 어떤 낱말이 쓰였는지 ◯ 하세요.

	요	즘		역	사	책	을		재	미	있	게		읽
고		있	다	.	박	물	관	에		가	서		해	설
사	님	의		설	명	을		들	으	니		유	물	이
더		소	중	하	게		느	껴	졌	다	.			

② 〈보기〉의 낱말을 2개 이상 넣어 짧은 글을 써 보세요.

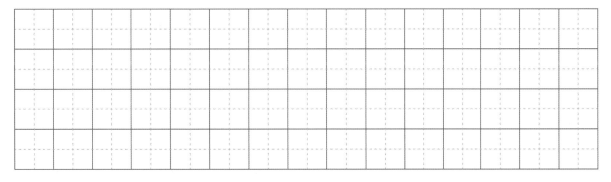

일기 쓰기 교실 8

보고 들은 것을 써요

실제로 보고 그 일에 관한 구체적인 지식을 넓히는 일을 '견학'이라고 해요.

각종 박물관, 과학관, 미술관, 전시회에 다녀오고 난 다음엔 견학한 내용을 일기로 쓰면 색다른 일기가 돼요.

보고 들은 것을 쓰는 방법을 살짝 알려 줄게요.

① 날짜: 견학한 날짜를 써요.

② 장소: 견학한 장소의 이름을 정확히 알아 두고 쓰세요.

③ 견학 내용: 보고 들은 것을 다 쓰지 말고, 기억에 남는 것 한두 가지만 써요.

④ 알게 된 점: 새롭게 알게 된 것, 깨달은 것을 쓰면 좋아요.

⑤ 느낀 점: 보고 들으면서 느낀 점을 써 보세요.

다른 친구는
어떤 일기를 썼을까?

일기 예시

	공	룡		박	물	관	에		갔	다.		이	상	하
게		생	긴		화	석	이		없	어	서		'	이
게		뭐	지	? '		하	고		봤	더	니		공	룡
똥	이	라	고		쓰	여		있	었	다.		웩 !		
내	가		먹	던		과	일		맛		젤	리	에	서
똥		맛	이		나	는		것		같	았	다.		

9급 국어 2-1) 7. 친구들에게 알려요

STEP 1 바르게 읽어야 바르게 쓸 수 있어요.

음성 듣기

➡️ 빨간색 글자의 발음에 주의하며 낱말과 문장을 따라 읽어 봅시다.
불러 주는 말을 들으며 또박또박 따라 읽으세요.
발음, 띄어 읽기, 억양까지 똑같이 읽으려고 노력하세요.
여러분의 읽기 실력이 쑥쑥 자라날 거예요.

❶ 상자 모양이고 화면이 작습니다.

❷ 볼록하고 튀어나와 있습니다.

❸ 장치를 손으로 돌려야 합니다.

❹ 방송을 들을 수 있습니다.

❺ 주요 내용을 확인하는 방법

❻ 구름이 없는 화창한 날이었어요.

❼ 신나게 걸어가고 있었어요.

❽ 개를 향해 크게 짖었어요.

❾ 강물에 풍덩 빠지고 말았어요.

❿ 내 몸에 꼭 맞는 의자

낱말을 정확히 알아야 나중에 또 만나도 기억할 수 있어요.

➡ 낱말의 뜻을 알아봅시다.

치카 치카

토리야, 오늘 급식에 나온
새우튀김 맛있었지?
또 먹고 싶다.

꼬미야, 우리 밥 다 먹었으니까
얼른 양치하고 운동장 나가서 놀자.

양치 확인표

아침 ○

점심 ○

양치 확인표에
동그라미 표시하면 끝!

선생님께 숙제를 보여 드리면 확인을 해 주시지요?
신발장에 실내화를 넣을 때에도 내 번호가 맞는지
확인해야 하지요. 확인은 제대로 했는지,
정말 맞는지 알아보고 인정하는 거예요.

뜻을 생각하며, 낱말과 문장을 익혀 보아요.

➜ 글씨를 쓰는 순서와 글자의 모양에 유의하며 써 봅시다.

① 낱말과 문장을 따라 써 보세요.

❶ 상자 모양이고 화면이 작습니다.

❷ 볼록하고 튀어나와 있습니다.

❸ 장치를 손으로 돌려야 합니다.

❹ 방송을 들을 수 있습니다.

❺ 주요 내용을 확인하는 방법

색칠해진 칸에 있는 글자는
더욱 집중해서 써 볼까요?

❻ 구름이 없는 화창한 날이었어요.

❼ 신나게 걸어가고 있었어요.

❽ 개를 향해 크게 짖었어요.

❾ 강물에 풍덩 빠지고 말았어요.

❿ 내 몸에 꼭 맞는 의자

② 빈칸을 채우며 따라 써 보세요.

❶ 상자 ☐ ☐ 이고 ☐ ☐ 이 작습니다.

❷ ☐ ☐ 하고 튀어나와 있습니다.

❸ ☐ ☐ 를 손으로 돌려야 합니다.

❹ ☐ 을 둘둘 수 있습니다.

❺ 주요 내용을 ☐ ☐ 하는 방법

❻ 구름이 없는 ☐ ☐ 한 날이었어요.

❼ ☐ ☐ 걸어가고 있었어요.

❽ 개를 향해 크게 ☐ ☐ ☐ .

❾ ☐ ☐ 에 풍덩 빠지고 말았어요.

❿ 내 몸에 꼭 ☐ ☐ 의자

스스로 점검해 봅시다. 🖉

▪ 앞 장을 넘겨 빈칸의 낱말을 올바르게 썼는지 확인해 보세요.

➔ 실전 받아쓰기! 불러 주는 말을 잘 듣고 빈칸에 받아써 봅시다.

❶

❷

❸

❹

❺

❻

❼

❽

❾

❿

스스로 점검해 봅시다. ✎

- 맞춤법에 맞게 썼나요? ·························· ☐   - 다른 사람이 잘 알아볼 수 있게
- 바른 위치에서 띄어 썼나요? ··············· ☐   또박또박 썼나요? ·························· ☐

낱말 개인화: 낱말을 내 것으로 만들어요.

➜ 같은 모양의 그림을 찾아 연결해 봅시다.

　·　·　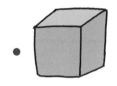　·　·　

　·　·　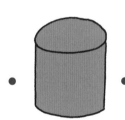　·　·　

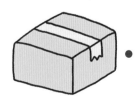　·　·　　·　·　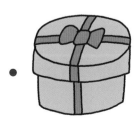

STEP 5 문장 개인화: 문장을 내 것으로 만들어요.

➜ 받아쓰기 9급에서 연습한 낱말을 사용하여 문장을 만들어 봅시다.

보기

화면, 장치, 방송, 확인, 강물,
화창하다, 신나다, 짖다, 빠지다

① 아래 문장을 소리 내어 읽고, 〈보기〉의 어떤 낱말이 쓰였는지 ○ 하세요.

	오	늘		날	씨	가		참		화	창	했	다	.
나	들	이		가	기		딱		좋	은		날	씨	였
다	.	아	빠	,	엄	마	랑		놀	러		가	서	
아	이	스	크	림	을		먹	으	니		신	났	다	.

② 〈보기〉의 낱말을 2개 이상 넣어 짧은 글을 써 보세요.

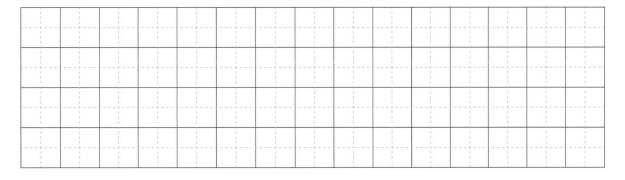

날씨도 훌륭한 일기 주제예요

여러분은 날씨를 어떻게 쓰나요?

'맑음', '흐림', '비' 또는 '눈'만 쓰지 말고, 날씨에 대한 느낌을 떠올려 보세요. 평소엔 맑은 날이 좋지만, 가뭄이 오래가면 내리쬐는 햇빛이 원망스러워요. 여러분은 눈 소식이 반갑겠지만, 운전해야 하는 어른에겐 함박눈이 달갑지 않지요.

똑같은 날씨도 상황에 따라 다르게 다가온다는 걸 아는 사람은 세상을 넓고 따뜻하게 볼 수 있어요.

앞으로는 '에어컨을 안 틀었더니 땀이 줄줄 났다', '우산을 써도 옷이 다 젖을 정도로 비가 세차게 내렸다', '하늘에 구름이 하나도 없었다' 등 여러분이 느끼고 겪은 날씨를 자세하게 써 보세요. 날씨를 쓰다가 일기 주제가 바로 떠오를 때가 많을 거예요.

일기 예시

집	에		있	기	엔		아	까	울		정	도	로
날	씨	가		좋	았	다	.	햇	볕	은		따	뜻	하
고		바	람	은		살	랑	살	랑	했	다	.	아	빠
는		빨	래	하	기		딱		좋	은		날	이	라
고		했	다	.	공	원	에	서		자	전	거		타
기		딱		좋	은		날	인	데	!		이	런	!

년   월   일   요일   날씨:

STEP 1 바르게 읽어야 바르게 쓸 수 있어요.

➡ 빨간색 글자의 발음에 주의하며 문장을 따라 읽어 봅시다.
불러 주는 말을 들으며 또박또박 따라 읽으세요.
발음, 띄어 읽기, 억양까지 똑같이 읽으려고 노력하세요.
여러분의 읽기 실력이 쑥쑥 자라날 거예요.

음성 듣기

❶ 친한 친구를 우연히 만났어요.

❷ 아끼는 색연필을 떨어뜨렸어요.

❸ 그만 신발이 벗겨지고 말았다.

❹ 내 발에 꼭 붙어 있어라.

❺ 글쓴이의 마음을 짐작해 봅시다.

❻ 어서어서 쑥쑥 자라라.

❼ 학교 뒤뜰에 있는 텃밭에 갔다.

❽ 오랜만에 날씨가 화창했다.

❾ 오늘은 꼭 성공할 거예요.

❿ 하늘로 붕 떠오르는 기분이었다.

➡ 낱말의 뜻을 알아봅시다.

꼬미야, 많이 아파? 어쩌다 다친 거야?

어제 핸드폰을 보면서 계단을 내려가다가 쿵 넘어졌어.

나도 예전에 병원에 입원한 적이 있어서 네가 얼마나 답답한지 짐작할 수 있어.

토리야, 와 줘서 고마워. 그리고 앞으로는 절대 걸어가면서 핸드폰을 보지 않을 거야.

짐작은 그 상황에서 어떤 마음이 들었을지 생각해 보는 거예요. 눈이 펑펑 오는 날 친구들과 눈사람을 만들면 어떤 마음이 들까요? 신나는 마음, 행복한 마음이 들 거라고 짐작해 볼 수 있지요.

뜻을 생각하며, 낱말과 문장을 익혀 보아요.

➜ 글씨를 쓰는 순서와 글자의 모양에 유의하며 써 봅시다.

① 문장을 따라 써 보세요.

❶ 친한 친구를 우연히 만났어요.

❷ 아끼는 색연필을 떨어뜨렸어요.

❸ 그만 신발이 벗겨지고 말았다.

❹ 내 발에 꼭 붙어 있어라.

❺ 글쓴이의 마음을 짐작해 봅시다.

색칠해진 칸에 있는 글자는
더욱 집중해서 써 볼까요?

❻ 어서어서 쑥쑥 자라라.

❼ 학교 뒤뜰에 있는 텃밭에 갔다.

❽ 오랜만에 날씨가 화창했다.

❾ 오늘은 꼭 성공할 거예요.

❿ 하늘로 붕 떠오르는 기분이었다.

② 빈칸을 채우며 따라 써 보세요.

❶ 친한 친구를　　　　　　　　　만났어요.

❷ 아끼는　　　　　　울 떨어뜨렸어요.

❸ 그만　　　　이 벗겨지고 말았다.

❹ 내 발에 꼭　　　　　있어라.

❺ 글쓴이의 마음을　　　해 봅시다.

❻ 어서어서　　　　자라라.

❼ 학교　　　에 있는　　　에 갔다.

❽ 　　　에 날씨가 화창했다.

❾ 오늘은 꼭　　　할 거예요.

❿ 　　　로 붕 떠오르는　　　이었다.

스스로 점검해 봅시다. 🖊

▪ 앞 장을 넘겨 빈칸의 낱말을 올바르게 썼는지 확인해 보세요.

➜ 실전 받아쓰기! 불러 주는 말을 잘 듣고 빈칸에 받아써 봅시다.

❶

❷

❸

❹

❺

❻

❼

❽

❾

❿

스스로 점검해 봅시다. ✏

- 맞춤법에 맞게 썼나요? ···················· ☐
- 바른 위치에서 띄어 썼나요? ··············· ☐
- 다른 사람이 잘 알아볼 수 있게 또박또박 썼나요? ···························· ☐

STEP 4 : 낱말 개인화: 낱말을 내 것으로 만들어요.

➜ 학교 텃밭에 어떤 채소가 자라고 있는지 살펴보고, 채소들을 색칠해 봅시다.

STEP 5 문장 개인화: 문장을 내 것으로 만들어요.

➜ 받아쓰기 10급에서 연습한 낱말을 사용하여 문장을 만들어 봅시다.

보기

우연히, 색연필, 마음, 텃밭, 오랜만, 날씨,
아끼다, 떨어뜨리다, 붙다, 짐작하다, 화창하다

① 아래 문장을 소리 내어 읽고, 〈보기〉의 어떤 낱말이 쓰였는지 ○ 하세요.

	오	랜	만	에		유	치	원		때		같	은	
반	이	었	던		현	서	를		복	도	에	서		마
주	쳤	다	.		우	연	히		만	나	서		더	반
가	웠	다	.		현	서	도		그	럴	까	?		

② 〈보기〉의 낱말을 2개 이상 넣어 짧은 글을 써 보세요.

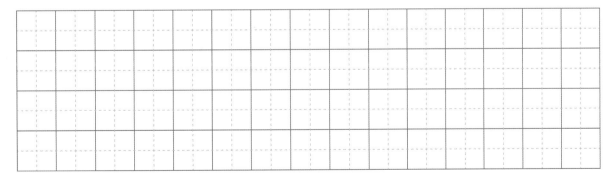

일기 쓰기 교실 10

다른 사람의 마음을 짐작해요

동생과 한 약속을 지키지 않았어요. 동생의 마음은 어땠을까요?
줄넘기를 잘하지 못해서 자꾸 발에 줄이 걸리는 친구의 마음은 어떨까요?

가족이나 친구가 하는 말을 들으면서 상대방의 마음을 헤아려 봐요. 여러분이 살아갈 미래 사회에는 공감 능력이 점점 더 중요해진대요. 미래학자들은 인공지능이 대신할 수 없는 일 중 하나가 공감이라서 그렇다고 설명하지요. 공감이란 '다른 사람의 감정에 대해 자기도 그렇다고 느끼는 기분'이에요. 다른 사람의 감정을 잘 느끼는 데도 연습이 필요하답니다.

'내가 ○○라면, _____할 때 어떤 마음이 들었을까?'를 주제로 일기를 써 보세요.
여러분의 공감 능력뿐 아니라 글쓰기 실력도 쑥쑥 자라날 거예요.

일기 예시

아	빠	한	테		혼	나	서		혼	자		울	고
있	으	면		아	빠	가		스	윽		들	어	오	신
다	.		나	보	다		더		많	이		울	었	것	도
같	은		얼	굴	이	다	.		내		등	을		토	닥
토	닥	하	는		아	빠		손	이		'	괜	찮	아	.
괜	찮	아	.	'	하	는		것		같	다	.

년   월   일   요일   날씨:

STEP 1 바르게 읽어야 바르게 쓸 수 있어요.

➡ 빨간색 글자의 발음에 주의하며 문장을 따라 읽어 봅시다.
불러 주는 말을 들으며 또박또박 따라 읽으세요.
발음, 띄어 읽기, 억양까지 똑같이 읽으려고 노력하세요.
여러분의 읽기 실력이 쑥쑥 자라날 거예요.

음성 듣기

① 불꽃이 하늘에서 반짝반짝 빛나.

② 굵은 빗방울이 후드득 떨어졌다.

③ 예쁜 나비가 훨훨 날아갑니다.

④ 나는 장화를 신고 학교에 갔다.

⑤ 동그란 수박이 있다.

⑥ 멋진 거북선이 바다에 나간다.

⑦ 구름이 둥실둥실 떠 있다.

⑧ 친구가 그물로 물고기를 잡는다.

⑨ 사슴벌레에게 관심이 생겼나요?

⑩ 나는 갑자기 궁금해졌어요.

낱말을 정확히 알아야 나중에 또 만나도 기억할 수 있어요.

➡ 낱말의 뜻을 알아봅시다.

꼬미야, 저기를 봐.
무서운 죠스가
우리 머리 위로
지나가고 있어.

우아, 상어잖아! 상어는 날카로운 이빨을
갖고 있고, 몸이 방패 비늘로 덮여 있어.

대단하다!
꼬미는 아는 게
정말 많구나.

평소에 상어에
관심이 많아서
책을 찾아봤어.

여러분은 어떤 것에 관심이 있나요?
고양이에 관심이 있나요? 곤충에 관심이 있나요?
관심이란 어떤 것에 마음이 끌려 주의를 기울이는 것을 말해요.

뜻을 생각하며, 낱말과 문장을 익혀 보아요.

➜ 글씨를 쓰는 순서와 글자의 모양에 유의하며 써 봅시다.

① 문장을 따라 써 보세요.

❶ 불 꽃 이   하 늘 에 서   반 짝 반 짝   빛 나 .

❷ 굵 은   빗 방 울 이   후 드 득   떨 어 졌 다 .

❸ 예 쁜   나 비 가   훨 훨   날 아 갑 니 다 .

❹ 나 는   장 화 를   신 고   학 교 에   갔 다 .

❺ 동 그 란   수 박 이   있 다 .

색칠해진 칸에 있는 글자는
더욱 집중해서 써 볼까요?

❻ 멋진 거북선이 바다에 나간다.

❼ 구름이 둥실둥실 떠 있다.

❽ 친구가 그물로 물고기를 잡는다.

❾ 사슴벌레에게 관심이 생겼나요?

❿ 나는 갑자기 궁금해졌어요.

② 빈칸을 채우며 따라 써 보세요.

❶ ☐☐이 하늘에서 반짝반짝 빛나.

❷ 굵은 ☐☐☐이 후드득 떨어졌다.

❸ 예쁜 나비가 ☐☐ 날아갑니다.

❹ 나는 ☐☐를 신고 학교에 갔다.

❺ 동그란 ☐☐이 있다.

❻ 멋진 ☐☐이 바다에 나간다.

❼ 구름이 ☐☐☐☐ 떠 있다.

❽ 친구가 ☐☐로 물고기를 잡는다.

❾ 사슴벌레에게 ☐☐이 생겼나요?

❿ 나는 갑자기 ☐☐ 해졌어요.

스스로 점검해 봅시다. 🖊

■ 앞 장을 넘겨 빈칸의 낱말을 올바르게 썼는지 확인해 보세요.

➡ 실전 받아쓰기! 불러 주는 말을 잘 듣고 빈칸에 받아써 봅시다.

음성 듣기

❶

❷

❸

❹

❺

❻

❼

❽

❾

❿

스스로 점검해 봅시다. ✏️

- 맞춤법에 맞게 썼나요? ·················· ☐
- 바른 위치에서 띄어 썼나요? ············· ☐
- 다른 사람이 잘 알아볼 수 있게
  또박또박 썼나요? ·························· ☐

STEP 4 낱말 개인화: 낱말을 내 것으로 만들어요.

➡ 마을에 멋진 불꽃 축제가 열렸어요. 밤하늘을 색색으로 수놓은 불꽃 축제 장면을 색칠해 봅시다.

STEP 5 문장 개인화: 문장을 내 것으로 만들어요.

➡ 받아쓰기 11급에서 연습한 낱말을 사용하여 문장을 만들어 봅시다.

보기

반짝반짝, 구름, 둥실둥실, 관심,
굵다, 예쁘다, 동그랗다, 멋지다, 잡다

① 아래 문장을 소리 내어 읽고, 〈보기〉의 어떤 낱말이 쓰였는지 ◯ 하세요.

하	늘	을		보	니		동	그	란		구	름	이
둥	실	둥	실		떠		있	었	다	.	갑	자	기
구	름	이		어	떻	게		생	기	는	지		궁	금
해	져	서		책	을		찾	아		읽	었	다	.

② 〈보기〉의 낱말을 2개 이상 넣어 짧은 글을 써 보세요.

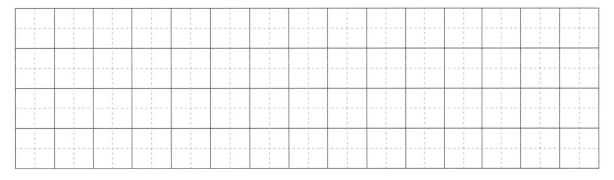

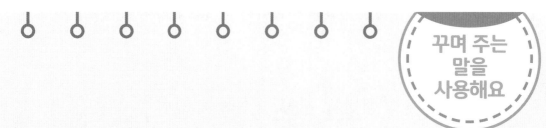

꾸며 주는
말을
사용해요

① 비가 내렸다.
② 비기 주룩주룩 내렸디.

어떤 문장이 더 실감 나고 재미있나요? '주룩주룩'이라는 말을 넣으니 비가 어떻게 오는지 눈앞에 그려지는 듯하지요? 비가 내리는 모습을 꾸미는 말은 다양해요. 보슬보슬, 장대처럼, 세차게 등 꾸며 주는 말을 넣으면 비가 내리는 모습을 더 정확하게 표현할 수 있어요.

꾸며 주는 말을 찾아서 사용해 보세요. 그러면 여러분이 하고 싶은 말을 정확하게 나타낼 수 있고, 더 실감 나게 표현할 수 있어요. 듣는 사람은 더 생생하게 여러분의 말이나 글을 이해할 수 있고요.

다른 친구는
어떤 일기를 썼을까?

일기 예시

학	원	이		끝	나	고		터	덜	터	덜		집
으	로		돌	아	왔	다	.	기	운	이		하	나	도
없	었	다	.	분	명	히		점	심	을		배	부	르
게		먹	었	는	데	,		배	에	서		꼬	르	륵
소	리	가		났	다	.		내		배		속	에		먹
깨	비	가		살	고		있	는		걸	까	?

년   월   일   요일   날씨 :

STEP 1 · 바르게 읽어야 바르게 쓸 수 있어요.

➤ 빨간색 글자의 발음에 주의하며 문장을 따라 읽어 봅시다.
불러 주는 말을 들으며 또박또박 따라 읽으세요.
발음, 띄어 읽기, 억양까지 똑같이 읽으려고 노력하세요.
여러분의 읽기 실력이 쑥쑥 자라날 거예요.

음성 듣기

❶ 온 세상을 비추느라 힘들었지?

❷ 식물이 잘 자랄 수 있어.

❸ 너는 정말 게으르구나!

❹ 사람들이 눈살을 찌푸리잖니?

❺ 자꾸 줄에 걸려서 속상해.

❻ 우리, 같이 술래잡기할래?

❼ 기분이 안 좋아 보여.

❽ 동생과 함께 오느라고 늦었어.

❾ 자신의 처지를 자세히 설명한다.

❿ 쓰레기를 버리면 어떡해?

낱말을 정확히 알아야 나중에 또 만나도 기억할 수 있어요.

➜ 낱말의 뜻을 알아봅시다.

꼬르륵

아, 떡볶이 먹고 싶다.

우린 반려 동물과 함께라서 들어갈 수 없는 처지잖아.

할 수 없지, 뭐. 우리 처지가 그런걸. 그럼 포장해 갈까?

그거 좋은 생각이다!

쌩!

비가 올 때 우산이 없으면 비를 맞을 수밖에 없는 처지가 되지요? 반려 동물 출입 금지라고 쓰여 있는 곳에서는 강아지와 함께 들어갈 수 없는 처지가 되고요. 이렇게 처지란 지금 놓여 있는 상황을 말해요.

뜻을 생각하며, 낱말과 문장을 익혀 보아요.

➜ 글씨를 쓰는 순서와 글자의 모양에 유의하며 써 봅시다.

① 문장을 따라 써 보세요.

❶ 온 세상을 비추느라 힘들었지 ?

❷ 식물이 잘 자랄 수 있어.

❸ 너는 정말 게으르구나 !

❹ 사람들이 눈살을 찌푸리잖니 ?

❺ 자꾸 줄에 걸려서 속상해.

색칠해진 칸에 있는 글자는
더욱 집중해서 써 볼까요?

❻ 우리, 같이 술래잡기할래?

❼ 기분이 안 좋아 보여.

❽ 동생과 함께 오느라고 늦었어.

❾ 자신의 처지를 자세히 설명한다.

❿ 쓰레기를 버리면 어떡해?

② 빈칸을 채우며 따라 써 보세요.

❶ 온 ｜ ｜ 울 ｜ 비 추 느 라 ｜ 힘 들 었 지 ?

❷ ｜ 이 ｜ 잘 ｜ 자 랄 ｜ 수 ｜ 있 어 .

❸ 너 는 ｜ 정 말 ｜ ｜ ｜ !

❹ 사 람 들 이 ｜ ｜ 울 ｜ 찌 푸 리 잖 니 ?

❺ 자 꾸 ｜ 에 ｜ 걸 려 서 ｜ ｜ 해 .

❻ 우 리 , 같 이 ｜ ｜ 할 래 ?

❼ ｜ 이 ｜ 안 ｜ 좋 아 ｜ 보 여 .

❽ ｜ 과 ｜ 함 께 ｜ 오 느 라 고 ｜ 늦 었 어 .

❾ 자 신 의 ｜ ｜ 를 ｜ 자 세 히 ｜ 설 명 한 다 .

❿ ｜ 를 ｜ 버 리 면 ｜ 어 떡 해 ?

스스로 점검해 봅시다. ✏

▪ 앞 장을 넘겨 빈칸의 낱말을 올바르게 썼는지 확인해 보세요.

➡ 실전 받아쓰기! 불러 주는 말을 잘 듣고 빈칸에 받아써 봅시다.

❶

❷

❸

❹

❺

❻

❼

❽

❾

❿

스스로 점검해 봅시다.

▪ 맞춤법에 맞게 썼나요? ·················· ☐   ▪ 다른 사람이 잘 알아볼 수 있게

▪ 바른 위치에서 띄어 썼나요? ·············· ☐   또박또박 썼나요? ····················· ☐

낱말 개인화: 낱말을 내 것으로 만들어요.

➜ 네 명의 친구들이 있어요. 친구들을 살펴보고 누구를 설명하고 있는지 찾아서 빈칸에 ○ 해 봅시다.

보 기

- 기분이 안 좋아 보여요.

- 모자를 썼어요.

- 눈살을 찌푸리고 있어요.

STEP 5 : 문장 개인화: 문장을 내 것으로 만들어요.

➔ 받아쓰기 12급에서 연습한 낱말을 사용하여 문장을 만들어 봅시다.

보기

식물, 술래잡기, 기분, 처지, 쓰레기,
비추다, 게으르다, 속상하다, 늦다, 설명하다

① 아래 문장을 소리 내어 읽고, 〈보기〉의 어떤 낱말이 쓰였는지 ◯ 하세요.

	계	단	에	서		넘	어	져	서		다	리	를	
다	쳤	다	.		아	프	고		속	상	하	다	.	내	일
친	구	들	이	랑		같	이		술	래	잡	기	하	려
고		했	는	데		어	떡	하	지	?				

② 〈보기〉의 낱말을 2개 이상 넣어 짧은 글을 써 보세요.

좋아하는
동요 가사를
베껴 써요

여러분은 좋아하는 동요가 있나요? 재미있고 아름다운 동요가 참 많아요.

〈"넌 할 수 있어."라고 말해 주세요〉라는 동요를 들으면 정말 무엇이든 이룰 것처럼 힘이 번쩍 나요. 〈봄비〉 가사를 읽으면, 유리창에 데구루루 굴러가는 빗방울이 보이는 것 같고요. 〈올챙이와 개구리〉를 부르면 내가 올챙이에서 개구리가 된 것처럼 팔딱팔딱 뛰게 되지요.

동요를 즐겨 듣고, 가사를 잘 읽어 보세요. 여러분이 좋아하는 동요의 가사를 베껴 써 보세요. 부를 때와는 또 다른 느낌이 든답니다. 여러분의 마음을 아름답게 가꾸어 주는 좋은 동요를 즐겨 듣길 바라요!

오늘은 색다르게
동요 일기를
써 보는 게 어때?

동요의 가사를 쓰고
가사와 어울리는
그림도 그리는 거야.

년   월   일   요일   날씨 :

STEP 1 바르게 읽어야 바르게 쓸 수 있어요.

➜ 빨간색 글자의 발음에 주의하며 문장을 따라 읽어 봅시다.
불러 주는 말을 들으며 또박또박 따라 읽으세요.
발음, 띄어 읽기, 억양까지 똑같이 읽으려고 노력하세요.
여러분의 읽기 실력이 쑥쑥 자라날 거예요.

음성 듣기

❶ 운동장에서 경기를 했다.

❷ 나와 내 짝 차례가 되었다.

❸ 공에 걸려 넘어지고 말았다.

❹ 옷에는 흙이 묻어 있었다.

❺ 괜찮아. 실수로 그런 건데, 뭘.

❻ 나는 무릎이 너무 아팠다.

❼ 내 손을 잡고 일으켜 주었다.

❽ 배려하는 마음이 들었을 것이다.

❾ 그네를 먼저 타려고 다투었다.

❿ 친구들 앞에서 다짐합니다.

➜ 낱말의 뜻을 알아봅시다.

꼬미야, 토리야,
같이 놀자.

깁스한 발로는
제기차기하기 힘들 텐데,
어쩌지?

그럼 우리
양이도 같이
할 수 있는
딱지치기를
하자.

역시 토리는
배려하는 마음이
아름다워~.

딱지치기 재미있겠다.
어서 하자!

친구가 어려움을 겪고 있으면 이해하고 배려하는 마음이
필요해요. 친구가 넘어져서 울고 있으면 걱정되고
달래 주고 싶은 마음이 들지요?
배려는 도와주거나 보살펴 주려고 마음을 쓰는 거예요.

STEP 3 : 뜻을 생각하며, 낱말과 문장을 익혀 보아요.

➜ 글씨를 쓰는 순서와 글자의 모양에 유의하며 써 봅시다.

① 문장을 따라 써 보세요.

❶ 운동장에서 경기를 했다.

❷ 나와 내 짝 차례가 되었다.

❸ 공에 걸려 넘어지고 말았다.

❹ 옷에는 흙이 묻어 있었다.

❺ 괜찮아. 실수로 그런 건데, 뭘.

색칠해진 칸에 있는 글자는
더욱 집중해서 써 볼까요?

132

❻ 나는 무릎이 너무 아팠다.

❼ 내 손을 잡고 일으켜 주었다.

❽ 배려하는 마음이 들었을 것이다.

❾ 그네를 먼저 타려고 다투었다.

❿ 친구들 앞에서 다짐합니다.

② 빈칸을 채우며 따라 써 보세요.

❶ 운 동 장 에 서 　 　 　 를 　 했 다 .

❷ 나 와 　 내 　 짝 　 　 　 가 　 되 었 다 .

❸ 공 에 　 걸 려 　 　 　 　 　 말 았 다 .

❹ 　 에 는 　 　 이 　 묻 어 　 있 었 다 .

❺ 괜 찮 아 . 　 　 로 　 그 런 　 건 데 , 뭘 .

❻ 나 는 　 　 이 　 너 무 　 아 팠 다 .

❼ 내 　 손 을 　 잡 고 　 　 　 　 주 었 다 .

❽ 　 하 는 　 마 음 이 　 들 었 을 　 것 이 다 .

❾ 　 를 　 먼 저 　 타 려 고 　 다 투 었 다 .

❿ 친 구 들 　 앞 에 서 　 　 합 니 다 .

스스로 점검해 봅시다. ✏

▪ 앞 장을 넘겨 빈칸의 낱말을 올바르게 썼는지 확인해 보세요.

음성 듣기

➜ 실전 받아쓰기! 불러 주는 말을 잘 듣고 빈칸에 받아써 봅시다.

❶

❷

❸

❹

❺

❻

❼

❽

❾

❿

스스로 점검해 봅시다. ✏️

- 맞춤법에 맞게 썼나요? …………… ☐
- 바른 위치에서 띄어 썼나요? ………… ☐

- 다른 사람이 잘 알아볼 수 있게
  또박또박 썼나요? ………………… ☐

낱말 개인화: 낱말을 내 것으로 만들어요.

➡ 올림픽에서는 다양한 종목의 경기가 펼쳐져요. 그림을 보고 어떤 종목의 경기인지
 <보기>에서 찾아 빈칸을 채워 봅시다.

보기

양궁, 펜싱, 배구, 체조, 탁구, 축구

경기

경기

경기

경기

STEP 5 문장 개인화: 문장을 내 것으로 만들어요.

➜ 받아쓰기 13급에서 연습한 낱말을 사용하여 문장을 만들어 봅시다.

보기

경기, 차례, 흙, 무릎, 배려, 다짐,
넘어지다, 괜찮다, 아프다, 다투다

① 아래 문장을 소리 내어 읽고, 〈보기〉의 어떤 낱말이 쓰였는지 ○ 하세요.

	축	구		경	기	를		하	다	가		상	진	이
가		태	클	을		걸	어	서		넘	어	졌	다	.
무	릎	에		상	처	가		나	고		옷	에	도	
흙	이		잔	뜩		묻	었	다	.					

② 〈보기〉의 낱말을 2개 이상 넣어 짧은 글을 써 보세요.

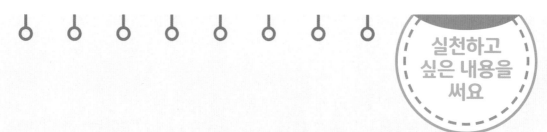

실천하고
싶은 내용을
써요

일찍 일어나기, 숙제 먼저 하고 놀기, 고운 말 쓰기 등 실천하고 싶은데 잘 안 되는 일이 있나요? 어른도 다짐을 실천하기가 참 어려워요. 그러니 '작심삼일'이라는 사자성어도 생겼겠지요.

다짐을 실천하는 좋은 방법 중 하나는 글로 다짐하는 내용을 쓰는 거예요. 글로 쓴 사람은 글로 쓰지 않은 사람보다 결심한 일을 이룰 확률이 10배가 넘는다는 연구 결과가 있답니다. 다짐을 쓰는 법을 살짝 알려 줄게요.

① 여러분이 실천하고 싶은 일을 떠올려요.
② 왜 실천하고 싶은지 생각해요.
③ 실천할 방법을 구체적으로 써요.

여러분의 다짐이 열매 맺기를 응원합니다!

작심삼일(作心三日)은
단단히 먹은 마음이
사흘을 가지 못한다는 말로,
결심이 단단하지 못함을
뜻한답니다.

일기 예시

	나	는		손	톱	을		물	어	뜯	는		버	릇
이		있	다	.	아	빠		소	원	이		내		손
톱	을		깎	아		주	는		거	다	.		손	에
아	무	것	도		없	을		때		자	꾸		손	이
입	으	로		가	니	까		손	에			뭐	라	도
쥐	고		있	어	야	겠	다	.						

138

년   월   일   요일   날씨 :

STEP 1 바르게 읽어야 바르게 쓸 수 있어요.

➜ 빨간색 글자의 발음에 주의하며 낱말과 문장을 따라 읽어 봅시다.
불러 주는 말을 들으며 또박또박 따라 읽으세요.
발음, 띄어 읽기, 억양까지 똑같이 읽으려고 노력하세요.
여러분의 읽기 실력이 쑥쑥 자라날 거예요.

음성 듣기

❶ 두꺼비가 콩쥐를 도와주었을 때

❷ 착하고 순진하게 생겼을 거야.

❸ 농사꾼이 괭이질을 하고 있었지.

❹ 고개를 쑤욱 들이밀었어.

❺ 처음처럼 맛있지 않았습니다.

❻ 아저씨는 창문을 쾅 닫았습니다.

❼ 한참을 어색하게 서 있었습니다.

❽ 눈에 눈물이 그렁그렁했습니다.

❾ 내 얼굴은 왜 빨개졌을까요?

❿ 이야기를 순서대로 말해 봅시다.

STEP 2 낱말을 정확히 알아야 나중에 또 만나도 기억할 수 있어요.

➜ 낱말의 뜻을 알아봅시다.

월요일
1교시는 국어~.

2교시는
수학 시간
이야.

1교시부터 순서대로
시간표 완성!

1교시부터 5교시까지 무슨 과목을 공부하는지 순서대로
말해 볼까요? '출석 번호대로 줄을 서세요.'라고 하면
1번이 맨 앞에 서고 마지막 번호가 맨 뒤에 서지요.
순서는 어떤 일이 이루어지는 차례를 말해요.

뜻을 생각하며, 낱말과 문장을 익혀 보아요.

➜ 글씨를 쓰는 순서와 글자의 모양에 유의하며 써 봅시다.

① 낱말과 문장을 따라 써 보세요.

❶ 두 꺼 비 가 　 콩 쥐 를 　 도 와 주 었 을 　 때

❷ 착 하 고 　 순 진 하 게 　 생 겼 을 　 거 야 .

❸ 농 사 꾼 이 　 괭 이 질 을 　 하 고 　 있 었 지 .

❹ 고 개 를 　 쑤 욱 　 들 이 밀 었 어 .

❺ 처 음 처 럼 　 맛 있 지 　 않 았 습 니 다 .

색칠해진 칸에 있는 글자는
더욱 집중해서 써 볼까요?

❻ 아저씨는 창문을 쾅 닫았습니다.

❼ 한참을 어색하게 서 있었습니다.

❽ 눈에 눈물이 그렁그렁했습니다.

❾ 내 얼굴은 왜 빨개졌을까요?

❿ 이야기를 순서대로 말해 봅시다.

② 빈칸을 채우며 따라 써 보세요.

❶ 두 꺼 비 가 　 　 를 　 도 와 주 었 을 　 때

❷ 착 하 고 　 　 하 게 　 생 겼 을 　 거 야 .

❸ 농 사 꾼 이 　 　 을 　 하 고 　 있 었 지 .

❹ 　 　 를 　 쑤 욱 　 둘 이 밀 었 어 .

❺ 　 　 처 럼 　 맛 있 지 　 않 았 습 니 다 .

❻ 아 저 씨 는 　 　 을 　 콩 　 닫 았 습 니 다 .

❼ 　 　 을 　 　 하 게 　 서 　 있 었 습 니 다 .

❽ 눈 에 　 　 이 　 그 렁 그 렁 했 습 니 다 .

❾ 내 　 　 은 　 왜 　 빨 개 졌 을 까 요 ?

❿ 이 야 기 를 　 　 대 로 　 말 해 　 봅 시 다 .

스스로 점검해 봅시다. 🖎

- 앞 장을 넘겨 빈칸의 낱말을 올바르게 썼는지 확인해 보세요.

➜ 실전 받아쓰기! 불러 주는 말을 잘 듣고 빈칸에 받아써 봅시다.

❶

❷

❸

❹

❺

❻

❼

❽

❾

❿

스스로 점검해 봅시다.

- 맞춤법에 맞게 썼나요? ················ ☐
- 바른 위치에서 띄어 썼나요? ············· ☐
- 다른 사람이 잘 알아볼 수 있게 또박또박 썼나요? ···················· ☐

낱말 개인화: 낱말을 내 것으로 만들어요.

➜ 다음 그림을 보고 콩쥐에게 필요한 물건을 찾아 연결해 봅시다.

호미

신발

키

문장 개인화: 문장을 내 것으로 만들어요.

➡ 받아쓰기 14급에서 연습한 낱말을 사용하여 문장을 만들어 봅시다.

보기

두꺼비, 콩쥐, 괭이질, 얼굴,
순진하다, 들이밀다, 어색하다, 빨개지다

① 아래 문장을 소리 내어 읽고, 〈보기〉의 어떤 낱말이 쓰였는지 ○ 하세요.

	콩	쥐	는		손	이		빨	개	지	도	록		괭
이	질	을		했	어	요	.	팥	쥐	는		일	은	
커	녕		콩	쥐	에	게		일	감	을		들	이	밀
기		일	쑤	였	지	요	.							

② 〈보기〉의 낱말을 2개 이상 넣어 짧은 글을 써 보세요.

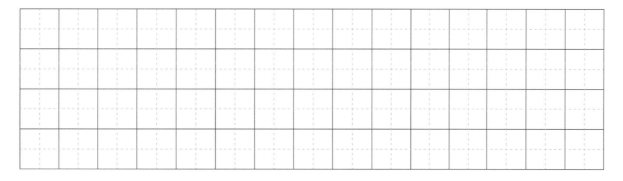

일기 쓰기 교실 14

책에 나온
인물에 관해
써요

두꺼비가 콩쥐를 도와주었을 때 콩쥐는 어떤 표정을 지었을까요?
욕심쟁이 딸기 아저씨는 어쩌다 딸기만 먹게 되었을까요?
드소토 선생님을 잡아먹으려던 여우는 다시 치과에 찾아올까요?

우리는 책에서 정말 재미난 인물을 많이 만나요. 본받고 싶은 인물이 있는가 하면 '나는 이렇게 행동하지 말아야지!' 하고 마음먹게 만드는 한심한 인물도 있지요. 재미나게 읽은 책에 나오는 인물은 정말 좋은 일기 주제랍니다.

기억에 남는 인물의 성격이나 특징에 관해 써 보세요. 멋진 독서 일기가 돼요. 특별히 기억에 남는 장면이나 인물의 모습을 그리고, 어떤 장면인지 쓰면 멋진 그림일기가 완성된답니다.

일기 예시

	욕	심	쟁	이		딸	기		아	저	씨	는		정
말		딸	기	를		좋	아	한	다	.	과	일		가
게	에		있	는		딸	기	를		모	조	리		사
모	을		정	도	이	다	.	딸	기	를		그	렇	게
많	이		먹	어	도		질	리	지		않	는		것
이		신	기	하	다	.								

148

년   월   일   요일   날씨 :

STEP 1 바르게 읽어야 바르게 쓸 수 있어요.

➜ 빨간색 글자의 발음에 주의하며 문장을 따라 읽어 봅시다.
불러 주는 말을 들으며 또박또박 따라 읽으세요.
발음, 띄어 읽기, 억양까지 똑같이 읽으려고 노력하세요.
여러분의 읽기 실력이 쑥쑥 자라날 거예요.

음성 듣기

❶ 선생님은 창밖을 내다보았어요.

❷ 큰 동물들은 바닥에 앉혔어요.

❸ 열한 시 정각에 오십시오.

❹ 코를 골며 잠에 빠져들었어요.

❺ 몇 분 동안 그대로 계세요.

❻ 계단을 비틀비틀 내려갔어요.

❼ 쉽게 속는 모습이 안타까웠다.

❽ 지혜로운 사람이 되고 싶다.

❾ 솔직하게 표현하는 것이 좋아요.

❿ 힘든 집안일을 꾹 참고 한다.

낱말을 정확히 알아야 나중에 또 만나도 기억할 수 있어요.

➜ 낱말의 뜻을 알아봅시다.

토리야, 내가 지금부터 흉내 내는 동물이 뭔지 맞혀 봐.

알았다! 원숭이!

헉! 정답이야. 어떻게 금방 맞혔어?

네가 너무 잘 표현해서 바로 알 수 있었어.

표현은 생각이나 느낌을 말이나 글, 표정, 몸짓 등으로 드러내어 나타내는 것을 말해요. 부모님께 감사하는 마음을 담아 편지로 표현하기도 하고, 환하게 웃는 표정으로 기쁨을 표현하기도 하지요.

➡ 글씨를 쓰는 순서와 글자의 모양에 유의하며 써 봅시다.

① 문장을 따라 써 보세요.

❶ 선 생 님 은　 창 밖 을　 내 다 보 았 어 요 .

❷ 큰　 동 물 들 은　 바 닥 에　 앉 혔 어 요 .

❸ 열 한　 시　 정 각 에　 오 십 시 오 .

❹ 코 를　 골 며　 잠 에　 빠 져 들 었 어 요 .

❺ 몇　 분　 동 안　 그 대 로　 계 세 요 .

색칠해진 칸에 있는 글자는
더욱 집중해서 써 볼까요?

152

❻ 계단을 비틀비틀 내려갔어요.

❼ 쉽게 속는 모습이 안타까웠다.

❽ 지혜로운 사람이 되고 싶다.

❾ 솔직하게 표현하는 것이 좋아요.

❿ 힘든 집안일을 꾹 참고 한다.

② 빈칸을 채우며 따라 써 보세요.

❶ 선생님은 ☐☐ 을 내다보았어요.

❷ 큰 ☐☐ 들은 ☐☐ 에 앉혔어요.

❸ 열한 시 ☐☐ 에 오십시오.

❹ ☐ 를 골며 ☐ 에 빠져들었어요.

❺ 몇 분 동안 ☐☐☐☐ 계세요.

❻ ☐☐ 을 비틀비틀 내려갔어요.

❼ 쉽게 속는 ☐☐ 이 안타까웠다.

❽ ☐☐ 로운 사람이 되고 싶다.

❾ 솔직하게 ☐☐ 하는 것이 좋아요.

❿ 힘든 ☐☐☐ 을 꾹 참고 한다.

스스로 점검해 봅시다. ✏

■ 앞 장을 넘겨 빈칸의 낱말을 올바르게 썼는지 확인해 보세요.

➔ 실전 받아쓰기! 불러 주는 말을 잘 듣고 빈칸에 받아써 봅시다.

음성 듣기

❶

❷

❸

❹

❺

❻

❼

❽

❾

❿

스스로 점검해 봅시다. ✏️

- 맞춤법에 맞게 썼나요? ·················· ☐
- 바른 위치에서 띄어 썼나요? ············· ☐

- 다른 사람이 잘 알아볼 수 있게
  또박또박 썼나요? ·························· ☐

STEP 4 낱말 개인화: 낱말을 내 것으로 만들어요.

➥ 부모님께 고마운 마음, 사랑하는 마음을 표현해 봅시다. 부모님께 감사 카드를
써 보세요.

STEP 5 문장 개인화: 문장을 내 것으로 만들어요.

➜ 받아쓰기 15급에서 연습한 낱말을 사용하여 문장을 만들어 봅시다.

보기

창밖, 정각, 그대로, 계단, 비틀비틀, 집안일,
속다, 지혜롭다, 솔직하다, 참다

① 아래 문장을 소리 내어 읽고, 〈보기〉의 어떤 낱말이 쓰였는지 ○ 하세요.

	창	밖	을		보	니		무	거	운		가	방	을
들	고		비	틀	비	틀		걸	어	오	는		동	생
이		보	였	다	.	얼	른		계	단	을		내	려
가	서		동	생	을		도	와	주	었	다	.		

② 〈보기〉의 낱말을 2개 이상 넣어 짧은 글을 써 보세요.

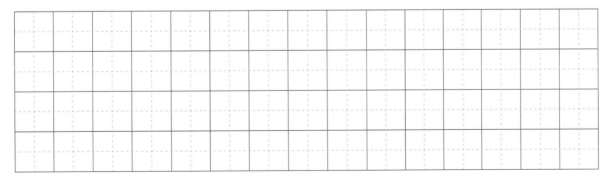

일기 쓰기 교실 15

자신에게
주는 상을
써요

'나 이때 정말 멋있었어!'라고 생각한 적이 있나요?

동생을 도와주었을 때, 어려운 수학 문제를 결국 혼자 힘으로 풀었을 때, 다짐한 일을 실천했을 때 등 자랑스러운 경험이 한 번쯤은 있을 거예요. 일기에 자신에게 주는 상을 써 보세요.

자신에게 무슨 상을 주어야 할지 잘 모르겠다고요? 받아쓰기 책을 끝까지 해낸 일도 정말 멋진 일이랍니다. 받아쓰기도 어려운데, 일기도 함께 쓰면서 《2-1 단단 받아쓰기》를 성실하게 해낸 여러분이 정말 자랑스럽습니다.

여러분도 모르는 사이에 글쓰기 실력이 쑥쑥 자라났을 거예요!
자, 이제 여러분의 상장을 만들어 스스로 토닥토닥 칭찬해 주세요.

옆에 있는 상장에
자신의 이름과 자랑스러운 경험을 적어요.
다른 사람에게 칭찬받는 것도 좋지만,
나 자신을 칭찬할 줄 아는 여러분이
되기를 바라요!

상 장

이름:

2-1 단단 받아쓰기 답안

1급 16쪽

※ 답안 예시

2급 27쪽

소개, 발표, 차례, 또박또박, 소동, 걱정,
말하다, 듣다, 친하다, 커지다

① 아래 문장을 소리 내어 읽고, 〈보기〉의 어떤 낱말이 쓰였는지 ◯ 하세요.

나	를		소	개	할		차	례	가		다	가	오
고		있	었	다	,	뭐	라	고		해	야		할	지
떠	오	르	지		않	아	서		걱	정	이		밀	려
왔	다	.											

(소개, 차례, 걱정에 ◯ 표시)

1급 17쪽

장면, 인물, 마음, 상상, 화해, 발바닥, 간질간질, 꽃,
읽다, 걷다, 밟다, 벗기다

① 아래 문장을 소리 내어 읽고, 〈보기〉의 어떤 낱말이 쓰였는지 ◯ 하세요.

친	구	와		싸	운		장	면	이		자	꾸
생	각	나	서		힘	들	다	.	친	구	랑		화	해
하	고		싶	은	데	,		내		마	음	을		몰	라
주	면		어	떻	게		하	지	?			

(장면, 화해, 마음에 ◯ 표시)

3급 36쪽

기뻐요, 속상해요, 화나요, 미안해요, 부러워요

① 멋진 자전거가 생겨서 (까닭)

  기뻐요 . (기분을 나타내는 말)

② 친구가 멋진 자전거를

  타고 있어서 부러워요 .

※ 답안 예시

3급 37쪽

기분, 실망, 쪽지, 질투,
샘나다, 뿌듯하다, 행복하다, 자랑스럽다

① 아래 문장을 소리 내어 읽고, 〈보기〉의 어떤 낱말이 쓰였는지 ◯ 하세요.

	그	림		대	회	에	서		상	을		못		받
아	서		실	망	했	다	.		그	런	데		언	니	는
상	을		받	았	다	.		그	림	을		잘		그	리
는		언	니	가		자	랑	스	럽	다	.				

4급 47쪽

친구, 공기놀이, 비밀, 혼자, 결정, 역할, 편지,
깜빡하다, 서운하다, 외롭다, 긴장하다, 떨리다

① 아래 문장을 소리 내어 읽고, 〈보기〉의 어떤 낱말이 쓰였는지 ◯ 하세요.

	친	구	와		공	놀	이	를		하	려	고		운
동	장	에		갔	는	데	,		친	구	가		안		보
였	다	.		친	구	에	게		전	화	하	니		깜	빡
했	다	고		말	했	다	.								

※ '깜빡하다'는 '깜빡했다'의 기본이 되는 형태예요.

5급 57쪽

동물원, 놀이터, 문구점, 채소, 생선,
포근하다, 소중하다, 조사하다, 익히다

① 아래 문장을 소리 내어 읽고, 〈보기〉의 어떤 낱말이 쓰였는지 ◯ 하세요.

	나	는		동	물	원	이		좋	다	.		다	양	한
동	물	을		볼		수		있	고	,		넓	은		놀
이	터	에	서		놀		수	도		있	다	.		음	식
점	도		많	아	서		참		좋	다	.				

6급 66쪽

보기

식혀서, 시켜서, 받칩니다, 바칩니다, 반듯이, 반드시

반듯이

시험전날 / 100점 받아야지!

반드시

식혀서

교실에서 가져오렴.

시켜서

받칩니다

바칩니다

7급 76쪽

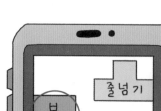

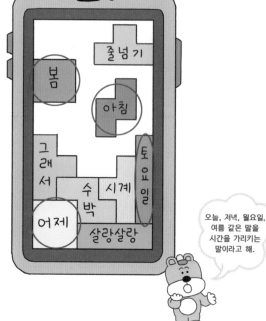

줄넘기 / 봄 / 아침 / 그래서 / 토요일 / 수박 / 시계 / 어제 / 살랑살랑

오늘, 저녁, 월요일, 여름 같은 말을 시간을 가리키는 말이라고 해.

6급 67쪽

 보기

정리, 구멍, 장갑, 의자, 반듯이, 약속, 반드시, 식히다, 시키다, 깁다, 깊다, 마치다, 읽다

① 아래 문장을 소리 내어 읽고, 〈보기〉의 어떤 낱말이 쓰였는지 ◯ 하세요.

	책	을	읽고		있	는	데		엄	마	가	
핫	초	코	를		가	져	다	주	셨	다	.	핫 초 코
가		뜨	거	워	서		후	후		불	어	서 식
혀		마	셨	다	.							

※ '읽다'는 '읽고'의 기본이 되는 형태이고,
'식히다'는 '식혀'의 기본이 되는 형태예요.

7급 77쪽

보기

까닭, 궁전, 호랑이, 근처, 눈보라, 급하다, 준비하다, 피하다, 겪다

① 아래 문장을 소리 내어 읽고, 〈보기〉의 어떤 낱말이 쓰였는지 ◯ 하세요.

	눈	보	라	가		심	한		어	느		날	,	소
금		장	수	가		급	하	게		궁	전		문	을
두	드	렸	어	요	.		소	금		장	수	가		궁 전
에		온		까	닭	은		무	엇	일	까	요	?	

※ '급하다'는 '급하게'의 기본이 되는 형태예요.

8급 86쪽

누구 내 실내화 못 봤니?
내 실내화는 흰색이야.
신발 가운데에
주황색 리본이 달려 있어.

8급 87쪽

9급 96쪽

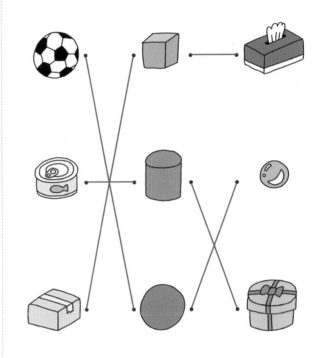

9급 97쪽

보기

설명, 박물관, 실내화, 등굣길, 모습, 요즘,
소중하다, 없다, 잃어버리다, 찾다

보기

화면, 장치, 방송, 확인, 강물,
화창하다, 신나다, 짖다, 빠지다

① 아래 문장을 소리 내어 읽고, 〈보기〉의 어떤 낱말이 쓰였는지 ◯ 하세요.

요	즘		역	사	책	을		재	미	있	게		읽
고		있	다	.		박	물	관	에		가	서		해	설
사	님	의		설	명	을		들	으	니		유	물	이
더		소	중	하	게		느	껴	졌	다	.			

※ '소중하다'는 '소중하게'의 기본이 되는 형태예요.

① 아래 문장을 소리 내어 읽고, 〈보기〉의 어떤 낱말이 쓰였는지 ◯ 하세요.

오	늘		날	씨	가		참		화	창	했	다	.
나	들	이		가	기		딱		좋	은		날	씨	였
다	.		아	빠	,		엄	마	랑		놀	러		가	서
아	이	스	크	림	을		먹	으	니		신	났	다	.

※ '화창하다'는 '화창했다'의 기본이 되는 형태이고,
'신나다'는 '신났다'의 기본이 되는 형태예요.

163

10급 107쪽

보기

우연히, 색연필, 마음, 텃밭, 오랜만, 날씨,
아끼다, 떨어뜨리다, 붙다, 짐작하다, 화창하다

① 아래 문장을 소리 내어 읽고, 〈보기〉의 어떤 낱말이 쓰였는지 ◯ 하세요.

오	랜	만	에		유	치	원	때		같	은
반	이	었	던		현	서	를		복	도	에	서		마
주	쳤	다	.		우	연	히		만	나	서		더		반
가	웠	다	.		현	서	도		그	럴	까	?		

11급 117쪽

보기

반짝반짝, 구름, 둥실둥실, 관심,
굵다, 예쁘다, 동그랗다, 멋지다, 잡다

① 아래 문장을 소리 내어 읽고, 〈보기〉의 어떤 낱말이 쓰였는지 ◯ 하세요.

	하	늘	을		보	니		동	그	란		구	름	이
둥	실	둥	실		떠		있	었	다	.		갑	자	기
구	름	이		어	떻	게		생	기	는	지		궁	금
해	져	서		책	을		찾	아		읽	었	다	.	

※ '동그랗다'는 '동그란'의 기본이 되는 형태예요.

12급 126쪽

보기

- 기분이 안 좋아 보여요.

- 모자를 썼어요.

- 눈살을 찌푸리고 있어요.

	◯		

12급 127쪽

보기

식물, 술래잡기, 기분, 처지, 쓰레기,
비추다, 게으르다, 속상하다, 늦다, 설명하다

① 아래 문장을 소리 내어 읽고, 〈보기〉의 어떤 낱말이 쓰였는지 ◯ 하세요.

	계	단	에	서		넘	어	져	서		다	리	를
다	쳤	다	.		아	프	고		속	상	하	다	.		내	일
친	구	들	이	랑		같	이		술	래	잡	기	하	려
고		했	는	데		어	떡	하	지	?		

13급 136쪽

보기

양궁, 펜싱, 배구, 체조, 탁구, 축구

양궁 경기   축구 경기

탁구 경기   펜싱 경기

14급 146쪽

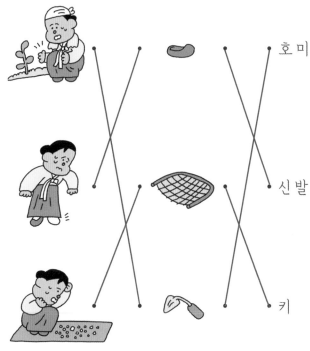

호미

신발

키

13급 137쪽

보기

경기, 차례, 흙, 무릎, 배려, 다짐,
넘어지다, 괜찮다, 아프다, 다투다

① 아래 문장을 소리 내어 읽고, 〈보기〉의 어떤 낱말이 쓰였는지 ○ 하세요.

	축	구	경	기	를		하	다	가		상	진	이
가		태	클	을		걸	어	서		넘	어	졌	다	.
무	릎	에		상	처	가		나	고		옷	에	도	
흙	이		잔	뜩		묻	었	다	.					

※ '넘어지다'는 '넘어졌다'의 기본이 되는 형태예요.

① 아래 문장을 소리 내어 읽고, 〈보기〉의 어떤 낱말이 쓰였는지 ○ 하세요.

콩	쥐	는		손	이		빨	개	지	도	록		괭
이	질	을		했	어	요	.	팥	쥐	는		일	은	
커	녕		콩	쥐	에	게		일	감	을		들	이	밀
기		일	쑤	였	지	요	.							

※ '빨개지다'는 '빨개지도록'의 기본이 되는 형태이고,
'들이밀다'는 '들이밀기'의 기본이 되는 형태예요.

15급 157쪽

창밖, 정각, 그대로, 계단, 비틀비틀, 집안일,
속다, 지혜롭다, 솔직하다, 참다

① 아래 문장을 소리 내어 읽고, 〈보기〉의 어떤 낱말이 쓰였는지 ○ 하세요.

창	밖	을		보	니		무	거	운		가	방	을
들	고		비	틀	비	틀		걸	어	오	는		동	생
이		보	였	다	.		얼	른		계	단	을		내	려
가	서		동	생	을		도	와	주	었	다	.

다음에 또 만나요!

2-1 교과서와 친해지는
단원별 단계별 받아쓰기

2022년 01월 19일 초판 01쇄 인쇄
2022년 01월 25일 초판 01쇄 발행

글 윤희솔·박은주
그림 나인완

발행인 이규상   편집인 임현숙
편집팀장 김은영   책임편집 이수민
디자인팀 최희민 권지혜 두형주   마케팅팀 이성수 김별 김능연
경영관리팀 강현덕 김하나 이순복

펴낸곳 (주)백도씨
출판등록 제2012-000170호(2007년 6월 22일)
주소 03044 서울시 종로구 효자로7길 23, 3층(통의동 7-33)
전화 02 3443 0311(편집) 02 3012 0117(마케팅) 팩스 02 3012 3010
이메일 book@100doci.com(편집·원고 투고) valva@100doci.com(유통·사업 제휴)
포스트 post.naver.com/100doci 블로그 blog.naver.com/100doci 인스타그램 @growing__i

ISBN 978-89-6833-361-3 64710
ISBN 978-89-6833-359-0 64710 (세트)

제조국   대한민국
사용연령 6세 이상